Kurt Tepperwein / Felix Aeschbacher • Richtig entscheiden! Entschieden leben!

Kurt Tepperwein / Felix Aeschbacher

Richtig entscheiden! Entschieden leben!

Schritte zur bewussten Lebensführung

Originaltitel: „Richtig entscheiden! Entschieden leben!"

2. Auflage

www.iadw.com

ISBN: 978-3-7526-7285-5

Die Deutsche Nationalbibliothek verzeichnet diese Publikation in der Deutschen Nationalbibliografie; detaillierte bibliografische Daten sind im Internet über www.dnb.de abrufbar.

Redaktionelle Mitarbeit: Klaus Jürgen Becker
Umschlaggestaltung: www.layART.li
Umschlagmotiv: ©fotolia.com

Herstellung und Verlag: BoD – Books on Demand, Norderstedt, Made in Germany

Internationale Akademie der Wissenschaften (IAW) Anstalt, FL-9490 Vaduz
Tel. +423/233 12 12, Fax +423/233 12 14

Inhaltsverzeichnis

I. DIE RICHTIGE EINSTELLUNG

Die Grundlage

Wir sind auf die Welt gekommen in einem Zustand, in dem wir aus uns selbst heraus nicht überleben konnten. Aus dieser Zeit, in der wir davon abhängig waren, dass die Mutter uns die Brust oder das Fläschchen reichte und uns versorgte, entwickelte sich tief in uns der Glaubenssatz »Ich aus mir heraus kann nicht überleben«.

Inzwischen sind wir älter geworden. Wir haben gelernt, auf eigenen Beinen zu stehen und uns in einer Welt der Polarität mehr oder weniger gut fortzubewegen. Doch immer wieder einmal kommen wir an Punkte, an denen wir spüren, dass wir momentan nicht weiterkommen, dass all das, was wir gelernt haben, entweder gerade nicht für uns verfügbar scheint oder wir mit den Mitteln und Möglichkeiten, die uns zur Verfügung stehen, die aktuelle Lebenssituation nicht bewältigen können.

Nur allzu gerne fallen wir dann in eine Regression und verhalten uns wie jenes lebensunfähige Baby, das wir einmal waren und das möchte, dass andere für uns das Problem lösen. Nun ist diese Regression, dieses Zurückfallen in den Zustand eines Kleinkindes, nicht immer nur negativ, wenn wir jenes bewusst geschehen lassen können. In der Therapieart »Rebirthing« wird Regression bewusst durch Atemtechnik provoziert, in der Sexualität betreibt man oftmals »Babyspiele« und ein englisches Hotel bietet Betten von vier Metern Länge und Stühle von 1,50 Metern Höhe an, damit der gestresste Erwachsene sich auch räumlich einmal ganz in die Kindheit zurückversetzt fühlen kann. Die Zartheit, die Sensitivität, die Unvoreingenommenheit eines Kleinkindes kann uns helfen, das Wunderbare in der Welt wieder und wieder zu entdecken, hierfür kann eine bewusste Regression hilfreich sein.

Doch wo die Hilflosigkeit des inneren Kleinkindes uns zu boykottieren droht, sind wir lebensunfähig. Was wir in »Hilf dir selbst« erlernen wollen, ist eine gesunde Einstellung, die die Sensitivität und die Unschuld des Kleinkindes in uns akzeptiert – nicht umsonst sagt Jesus »Wenn ihr nicht werdet wie die Kinder, könnt ihr das himmlische Reich nicht sehen« – und andererseits aber den Blick vor den Problemen unserer gegenwärtigen Lebensaufgaben nicht verschließt, sondern sogar Schlüssel und Möglichkeiten für die Überwindung von Problemen und Hilfe zur Selbsthilfe ermöglicht.

Probleme sind Aufgaben

Jedes Problem ist eine Aufgabe, die uns das Leben in dem Augenblick stellt, in dem sich das Problem zeigt. Wenn wir können, sollten wir nicht ausweichen. Ein Problem ist nämlich etwas, das uns helfen will, ein Geschenk des Lebens an uns. Das Geschenk liegt in der Entwicklung. Im materiellen Leben bekommen wir die Geschenke meist verpackt geliefert, mit einer rosaroten oder manchmal auch dunklen Schleife drumherum. Das wahre Geschenk erkennen wir aber erst, wenn wir die Verpackung ausgewickelt, d.h. »ent-wickelt« haben. In dem Sinne liegt in jedem Problem eine »Entdeckung«, d.h. etwas, das unter einer »Decke« verborgen liegt. Ein Problem ist somit nur so lange unangenehm, wie unsere Sicht »ver-deckt« ist und wir nur die äußere Seite des

Problems, die Verhüllung, sehen. Beginnen wir den »Durchblick« zu gewinnen – und das will das Problem offenbar von uns auch – erkennen wir, dass alles uns dienen will, uns in unserer »Entwicklung« fördern will, sowohl die Geschenke des Lebens an uns mit einer dunklen Schleife, die wir »Probleme« nennen, als auch die Geschenke des Lebens an uns mit einer rosaroten Schleife, die wir »Beglückungen« nennen. Bei beiden dürfen wir nicht am äußeren Schein stehen bleiben.

Das Gute an einem Problem ist, dass es unangenehm ist und uns dadurch zwingt, es anzugreifen, die Umhüllung zu öffnen und hinter den Schein zu blicken, während die scheinbar so angenehmen Dinge uns leicht zur Oberflächlichkeit verleiten. Letztendlich sollten wir beides, Angenehmes wie Unangenehmes, in Liebe konfrontieren, annehmen, durchdringen und umwandeln. Dadurch heiligen wir uns und die Mutter Erde.

»Um den Geist auf die Erde zu bringen, erschuf Gott den Menschen und sagte ihm: »Durchdringe die Erde mit meinem Geist, denn ich habe keine anderen Hände als die deinigen!«

Indem wir konstruktiv mit Problemen umgehen, soweit wir es schon können, erwächst daraus eine doppelt positive Kraft: Zum einen gelangen wir zur Erkenntnis, d.h. zur »ER-Kenntnis«, der »Gott-Kenntnis«, zum anderen tragen wir zur Evolution dieses Planeten bei, zur Evolution des, wie es der Physiker Rupert Sheldrake nennt, »morphogenetischen Feldes«, sodass es für die, die nach uns kommen, leichter wird, Lebensprobleme unseres Standards zu bewältigen, und wir selbst uns höher entwickeln und verfeinern können:

»Denn müßig sein, heißt, auszuscheren aus dem Lauf des Lebens, das in Würde und stolzer Ergebung der Unendlichkeit entgegenschreitet.«
Khalil Gibran, »Der Prophet«

Probleme sind also FÜR uns da. Deswegen heißen sie ja »Probleme«, sonst würden sie ja »Contrableme« heißen. In dem Sinne ist also ein Problem nichts anderes als eine Aufgabe, die es zu bewältigen gilt, damit wir – und auch die Erde – zu der jeweiligen »Entwicklung« kommen. Wenn wir Probleme als Geschenke des Lebens ansehen, dann sind wir auch bereit, die »Aufgaben« anzunehmen, die »Auf-GABEN«, die das Leben uns gibt, und auf diesem Wege unsere »Gaben« zu entfalten.

»Der Weg, wie das Leben unseren Fähigkeits-Samen zum Erblühen bringt, ist oftmals der, uns ein Problem zu geben, das wir nur durch eben die Entfaltung jenes Samens bewältigen können.«

Die größte Schwierigkeit bei der Bewältigung eines Problems ist oft seine genaue Definition, denn geholfen werden kann nur dort, wo wir einen guten Ansatzpunkt haben. Oft setzen wir an der falschen Stelle an, weil wir die tieferen Zusammenhänge (noch) nicht erkennen können.

Beispiel: Jemand klagt über kalte Füße und wir ziehen ihm noch wärmere Socken an. Es kann sein, dass er gar kein Fußproblem hat, sondern ein Kreislaufproblem und dass er eine kalte Waschung (Kneipp-Methode) braucht, damit der Kreislauf angeregt wird, dann werden die Füße automatisch wieder warm. Mit der Waschung haben wir dann das Problem behandelt, wo es wirklich ist, nicht dort, wo es nur scheinbar sitzt, aber gar nicht seine Wurzel hat.

Beispiel: Ein armer Mann sitzt am Strand und ist hungrig. Wir kaufen ihm einen Fisch. Er wird am nächsten Tag wieder am Strand sitzen und hungrig sein. Kaufen wir ihm eine Angel, haben wir möglicherweise sein Problem viel umfassender behandelt. Wir haben unsere Kreativität eingesetzt, um dem Menschen zu helfen, sich selbst zu helfen, statt ihn in der Abhängigkeit von anderen zu belassen.

Vielleicht erahnen wir an diesem Beispiel schon, warum die (Er-)Lösung eines Problems oftmals Erkenntnis, Sensitivität und Mitgefühl benötigt. Auch die Kommunikation darf nicht zu kurz kommen. Immer wieder zeigt sich, dass das Unterbewusstsein das wahre Problem erst im Laufe eines längeren und tieferen Gespräches preisgibt. Vielleicht möchten wir mit einem Freund eine tiefere Beziehung pflegen, mit dem wir uns dann immer wieder, wenn es notwendig erscheint, z.B. unter klarem Sternenhimmel, austauschen möchten, um Problemen eine Chance zu geben, eine Versprachlichung für ihre Wurzel, und ihre Lösung zu finden? Der Oberflächenverstand alleine, ohne Intuition und ohne Gespräche, kann uns leicht zu Fehlentscheidungen führen. Insbesondere, wenn wir bei großen Lebensentscheidungen übereilt handeln, wirkt er wie ein »Zuhälter der Wahrheit«, schiebt aus Unkenntnis der wahren Zusammenhänge Scheinprobleme vor, die die Sicht auf das eigentliche Problem verdecken oder verzerren, aufgrund von Konditionierungen. So wird das Bild der Wirklichkeit oftmals unbewusst verzerrt.

Ein Verstand ohne Intuition, Sensitivität, Mitgefühl, Kommunikation und eine Lösungsmatrix kann nur in bestehenden Rastern denken und reagiert dann nur allzu leicht mit Selbstbeschuldigungen oder Zwangsmaßnahmen, wenn sich seine Lösungsvorschläge als sinnlos erwiesen haben. Geben wir uns deshalb nicht mit halben Lösungen zufrieden, was immer unser gegenwärtiges Thema ist, graben wir lieber tiefer, um das wirkliche Problem ausfindig zu machen.

Zur Heilkunst durch Homöopathie gehört die genaue Analyse, worin das eigentliche Problem besteht (»Anamnese«). Dort, wo wir uns selbst oder anderen bei Lebensproblemen helfen wollen, müssen wir ebenfalls lernen, hinter das Problem zu blicken. Erst wenn wir das wirkliche Problem erkannt und ihm einen Namen gegeben haben, kann es uns zur Entwicklung und (Ein)Lösung des Themas führen. Darum sind exakte Problemdefinition und Problemerkenntnis so wichtig. Was aber könnte eine solche Lösungsmatrix sein, die wir suchen? Wer es genau wissen will, dem sei das Buch *»Dein spirituelles Check-Up«* von *Kurt Tepperwein* empfohlen.

Zur ersten Auflösung kann die folgende Checkliste hilfreich sein:

- Welches Problem möchten wir gegenwärtig angehen?
- Wozu fordert uns das Problem auf?
- Wie könnte die Situation im geheilten Zustand aussehen?
- Was wären mögliche Lösungsansätze, um dorthin zu kommen?

Antworten, die wir aufgrund des obigen Fragenkataloges bekommen, sind erst einmal lose Fragmente, nicht immer landen wir sofort einen Volltreffer – wenn ja, umso besser, wenn nein, ist es gut, sich zu erinnern:

»Auch eine Reise von 1.000 Meilen beginnt mit dem ersten Schritt.«

Wenn wir uns auf eine Reise begeben, müssen wir dort starten, wo wir uns befinden, und erst einmal mit dem arbeiten, was wir haben. Wir sollten aber nicht dort stehen bleiben. Auch sollten wir weitere Hilfsmittel akzeptieren, wo sie uns geboten werden. Auch kann es sein, dass wir auf unserem Weg wichtige Zusatzinformationen benötigen. Wie aber gelangen wir an jene, möchten wir uns fragen, da man ja nicht wissen kann, was man nicht weiß. Hier ein paar Tipps:

1. Bitten wir die Traumkraft, dass sie uns durch Träume auf das eigentliche Problem näher hinweist und Lösungsanreize gibt (z.B. durch ein Gebet »Bitte, liebe Traumkraft, hilf mir in der und der Sache ... heute Nacht ...«). Nach der Bitte legen wir Zettel und Bleistift neben das Bett und notieren die Träume der Nacht sofort nach dem Erwachen, unabhängig davon, ob wir ihre Bedeutung sofort verstehen oder nicht (Fachliteratur: *Günther Feyler, »Lebenskompass Traum«*).

2. Richten wir ein Gebet an die EINE Kraft/Gottvater/Jesus/ ... um Erkenntnis des Problems und um Lösungsanreize, ggf. um Führung (»... Lass mich erkennen, was zu tun ist in der und der Sache ...«). Nach dem Gebet gehen wir spazieren oder gehen unserem Tagwerk nach und lassen das Thema im Verstand los, damit das Unterbewusstsein in uns einen Freiraum bekommt, einen Lösungsanreiz oder Impuls aus höherer Ebene zu übermitteln.

Oft sind wir dann am empfänglichsten für göttliche Impulse, wenn wir gerade nicht an das Problem denken, also uns auf etwas anderes konzentrieren, was unsere Aufmerksamkeit erfordert – Arbeit, Beruf, Kindererziehung, Krankenbetreuung oder auch Poesie. Das Unterbewusstsein bringt die Impulse des Göttlichen an die Oberfläche und funktioniert hier ähnlich wie eine Seilbahn (siehe dazu das Buch *»Das Huna-Geheimnis«* von *Kurt Tepperwein*), die Informationen von höchster Stelle in unser Tagesbewusstsein transportiert.

Vom Unterbewusstsein hochgebrachte göttliche Impulse fühlen sich qualitativ anders an als »normale« Gedanken des Alltags, so wie sich ein Freund etwas anders anfühlt als ein Fremder. Im Laufe der Zeit lernt man, göttliche Impulse von »normalen« Gedanken zu unterscheiden. Göttlichen Impulsen sollten wir nachgehen.

3. Setzen wir Hilfsmittel ein, um das gegenwärtige Problem aus einer anderen Ebene zu betrachten, wie z.B. Tarot, Astrologie, Channeling, Visualisationstechnik (siehe dazu das Buch *»Kraftquelle Mentaltraining«* von *Kurt Tepperwein*), darf das Hilfsmittel nicht dazu verführen, sich in eine abgehobene Ebene zurückzuziehen. Vielmehr sollte der Impuls genutzt werden, um sich dann wieder ganz konkret mit der Sache auseinander zu setzen. Auch muss darauf verwiesen werden, dass es bei dem Einsatz der Hilfsmittel menschliche Übersetzungsfehler, z.B. durch Wunschvorstellungen, geben kann und die erhaltene Antwort noch einige Zeit in uns prüfend »im Herzen bewegt« werden sollte, bevor wir handeln, damit wir sicher sein können. Auch braucht es Erfahrung

sowie eine fundierte praktische und theoretische esoterische Ausbildung, um mit diesen Hilfsmitteln zuverlässig arbeiten zu können.

4. Sprechen wir mit einem Freund über das Thema, das uns bewegt. Die Impulse aus dem Gespräch und die Ratschläge des Freundes lassen wir erst einmal wertfrei auf uns wirken. Nachdem wir aus der Energie des Freundes gegangen sind, d.h. uns von ihm verabschiedet haben, spüren wir für uns selbst nach, welche von den erhaltenen Impulsen für uns stimmig sind und nachvollzogen werden sollen und welche nicht.

   Was für den Freund eine durchaus sinnvolle Weise der Problembewältigung ist, kann für uns völlig ungeeignet sein. Indem wir lernen, nach einem Gespräch erst einmal aus der Energie des anderen zu gehen, bevor wir entscheiden, befreien wir uns durch prüfende Achtsamkeit von verführerischer Leichtgläubigkeit und einem Abgeben der Verantwortlichkeit an andere. Was immer der Freund uns empfiehlt, entscheiden und verantworten müssen immer wir selbst, schließlich ist es UNSER Problem!

Es gibt noch einen anderen Weg, mit Problemen umzugehen, der fast noch treffender ist. Wenn wir nämlich das Leben als einen Partner begreifen, der lebendig ist wie wir, als eine Art »Wesen, das denken kann« – in einem höheren Sinne, die alten Griechen sprechen von einem »globalen Logos«, die TAO-isten von dem Weltengesetz TAO, die Esoteriker von der »Weltenseele Sanat Kumara«, in die wir eingebettet sind – dann brauchen wir eigentlich nur mit dem Leben umzugehen wie mit einem Menschen, den wir sehr lieben, und die Impulse, die uns der »Freund Leben« durch einzelne Menschen, Umstände, scheinbare Zufälligkeiten etc. gibt, ernst zu nehmen und zu behandeln, als kämen sie alle von unserem innigst Geliebten:

»Indem wir das Leben bedienen, bedient es uns. Indem wir dem Leben lauschen, beginnen wir seine Sprache zu verstehen.

Indem wir das Geheimnis des zu uns ständig sprechenden Lebens ergründen und tun, wozu das Innerste uns ermuntert, folgen wir der Erlösung, Entwicklung, Entdeckung wie an einem völlig logischen roten Faden.«

Klaus Jürgen Becker

Der rote Faden, den wir suchen

Wir entkommen dem Labyrinth der Unwissenheit und Hilflosigkeit, indem wir den »roten Faden« in unserem Leben ergreifen, begreifen, aufnehmen und ihm folgen. So wie der Held der griechischen Sage den Weg aus dem Labyrinth des Minotaurus fand, so finden wir mithilfe des Lebens zu unserer eigenen Evolution.

Wenn wir das erfüllen, was das Leben durch uns im jeweiligen Augenblick verwirklichen will, dann bewältigen wir automatisch damit auch die Lösung unserer eigenen »Probleme« und kommen der Erfüllung all dessen näher, was wir uns vom Leben wirklich erträumen:

»Wenn das Leben durch Probleme zu uns spricht, ist die Erfüllung des Lebens im Jetzt und die bewusste Erledigung der täglichen Aufgaben oftmals der größte Schritt zur Entfaltung unserer ureigenen Gaben und unsere direkteste Art, auf das Leben, seine Probleme und Chancen zu antworten.«

Klaus Jürgen Becker

Zur Erfüllung des Augenblickes gehören sowohl Impulse, die wir »gerade jetzt« von außen bekommen, wie auch die Erledigung unserer lang laufenden Projekte, beide bedingen einander. Indem wir unsere eigenen Projekte mit unseren aktuellen Impulsen, die wir von außen oder innen bekommen, zusammenbringen, lernen wir die hohe Kunst der Synthese zwischen Zeit und Ewigkeit, Sein und Werden, Selbstverwirklichung und Dienen. Wie sich dies im Einzelfall gestalten möchte, offenbart uns das Leben, wenn wir lernen, den feinen Untertönen zu lauschen.

Leben ist Erfüllung

Nicht nur unsere Probleme, auch unsere Wünsche sind, wenn auch oftmals verkleidet, Gottes Wünsche. Der schnellste Weg der Erlösung unserer Wünsche und Probleme ist oftmals einfach der, in Harmonie mit dem Leben zu kommen, das heißt, den Augenblick zu erfüllen, das zu tun, was das Leben jetzt von uns will. Indem wir uns optimal ins Leben einbringen, werden im Laufe der Zeit auch unsere Herzenswünsche »automatisch« erfüllt. Das kann einige Zeit dauern und wir sollten das Leben nicht eigenwillig vorantreiben – alles kommt zu SEINER Zeit – und doch ist oftmals, in Harmonie mit dem Leben zu kommen, der schnellste und zuverlässigste Weg auch zur eigenen Wunscherfüllung, viel schneller als so mancher scheinbar direkte Weg.

Wenn wir das Leben sinnvoll und richtig erfüllen, gibt uns das Leben alles, was wir zu unserer vollen Verwirklichung brauchen, denn wir geben dem Leben ja auch all das, was es von uns braucht. Wir sollten somit dem Leben als Ganzes gegenübertreten wie einem innigst geliebten Partner in einer guten Ehe.

Übrigens: Ist uns schon bewusst, dass wir das Wort EHE auch in Bezug auf das Leben als Abkürzung verstehen können im Sinne von »ES (das Leben) HEILT (komplettiert, vervollständigt) ES (das Wesen in mir)«?

Nicht richtig wäre es, dem Leben vorzuschreiben, wie es zu sein hat, den Menschen vorzuschreiben, wie sie sich zu verhalten haben, den Umständen vorzuschreiben, wie wir sie gerne hätten. Das Leben nämlich denkt gar nicht daran, sich nach unseren Vorstellungen zu richten, es ist, wie es ist. Es kann uns ein guter Verbündeter sein, wenn wir erkennen, dass Gott sich nicht nur »dort oben«, sondern auch im und durch das Leben ausdrückt, dass Gott das Leben IST und wir die Chance haben, in Gott (das höchste Prinzip/die eine Kraft) hineinzuwachsen, indem wir ganz das Leben werden.

Wenn wir aufhören, dem Leben Vorschriften zu machen, und uns in Harmonie mit dem Leben bringen, schenkt uns das Leben auf einmal all das, wonach wir vorher vergeblich gestrebt haben. Alles das bekommen wir als Nebenwirkung der Harmonie mit dem Leben. Das, wonach wir also im Außen streben sollten, wenn wir uns selbst helfen wollen, ist, in Harmonie mit dem Leben und uns selber zu kommen:

»Was der Gierige sucht, ohne zu finden,
findet der Liebende, ohne danach zu gieren.«
Klaus Jürgen Becker

Für einige Menschen sind Selbstverwirklichung und ein Bedienen des Lebens erst einmal zwei verschiedene Dinge, obwohl sie letztendlich das Gleiche meinen. In dem Fall sind zwei verschiedene Startvoraussetzungen möglich:

1. Zuerst einmal beginnen wir, in Harmonie mit uns selbst zu kommen, und schauen gar nicht auf das Leben. Dann werden wir am Ende des Weges auch in Harmonie mit dem Leben sein.

2. Oder wir richten die Aufmerksamkeit zuerst einmal nur darauf, in Harmonie mit dem Leben zu kommen, und gar nicht auf uns selber – dann werden wir am Ende des Weges auch in Harmonie mit uns selbst gelangt sein.

Optimal wäre es natürlich, wenn wir beides gleichzeitig könnten, denn beide Vorgangsweisen sind nicht voneinander getrennt, sie sind nur wie zwei zueinander aufgestellte Spiegel; aber auch die Idee, sich erst ausschließlich dem einen oder anderen Weg zu widmen, ist legitim.

Aus Behinderungen das Beste machen

Manchmal bekommen wir eine Schwierigkeit oder ein Handikap, das wir nicht so einfach loswerden können, eine Behinderung. Sie offenbart sich als Schwierigkeit im eigenen Haus. So eine Behinderung kann sein: ein Geburtsfehler wie eine Hasenscharte, ein

Geburtstrauma oder scheinbar nachteilige Prägungen durch Eltern, Nachbarn, Lehrer in der Kindheit. Grundsätzlich können wir davon ausgehen, dass jeder Geburtsfehler, jede Prägung oder Konditionierung in der Kindheit, jede »Zeichnung«, die wir durch das Leben tragen, sei sie emotionaler (Schüchternheit), mentaler (Minderwertigkeitskomplexe) oder körperlicher Natur (körperliche Leiden) versteckte »Auszeichnungen« sind. Bei vielen Indianerstämmen gelten Narben und »Zeichnungen« zugleich als Tapferkeitssymbole, also als »Aus-zeichnungen«. Schauen wir mit diesen Augen auf die »Gezeichneten« und unsere eigenen »Zeichnungen«, dann finden wir in ihnen versteckte Hinweise auf unserer Lebenskarte für unsere ureigene Schatzsuche. Kaum etwas kann uns so sehr helfen, unseren Lebensplan und unsere »Aufgaben« zu verstehen, wie Zeichnungen, Handikaps und Behinderungen.

Beispiel: Eine Hasenscharte erleben wir möglicherweise erst einmal als eine Entstellung, als eine Behinderung. Man wird als Kind dafür gehänselt und möchte dauernd so sein wie die anderen, nämlich ohne Hasenscharte. Wir setzen uns mit uns selber auseinander, erst leidvoll, später haben wir gelernt, uns selbst zu akzeptieren. Schauen wir zurück, entdecken wir möglicherweise, dass es uns gelungen ist, ein Original zu entwickeln, statt ständig nur auf die Trends der Masse zu schauen. Wir haben uns dann mit uns selbst konfrontiert und der Impulsgeber dafür war unser Handikap. Möglicherweise beschäftigen wir uns ein Leben lang damit, »Spaltungen« zu heilen, und werden, dank der Hasenscharte, letztendlich zu einem »Meister der Synthese«. Unsere größte Entstellung ist also oftmals unser größtes verborgenes Kapital, das wir entdecken, wenn wir das Entwicklungsgeschenk, das in ihr verborgen liegt, auspacken.

Beispiel: Schüchternheit erleben wir erst einmal als Erfolgsbremse. Wir sehen den tollen Job, den idealen Partner vor Augen und können nicht über das Mäuerchen springen und uns einbringen, für uns werben. Im Laufe der Zeit wird aber, wenn wir sie lieben lernen, die Schüchternheit unser Freund. Möglicherweise erkennen wir, dass es Augenblicke gibt, da öffnen sich uns Türen, unabhängig davon, ob wir gerade »schüchtern« oder »tollkühn« sind. Während andere ständig nur sich selbst produzieren, lehrt uns die Schüchternheit, uns selbst zurückzunehmen, Zeitqualitäten zu erkennen (wann ist was angesagt?), und Demut vor dem Leben. Wir lernen uns richtig und zur rechten Zeit einzubringen, vielleicht sogar mit Feingefühl. Das Hemmnis Schüchternheit wurde so zu unserem größten Helfer, um das Leben mit all seinen Geheimnissen zu verstehen und für uns zu nutzen.

Beispiel: Wir erleben Minderwertigkeitskomplexe erst einmal als eine Quelle von Schwierigkeiten. Wo andere sagen »Hoppla, hier komme ich«, da zaudern wir, weil wir uns nicht gut genug fühlen, um im großen Lebensspiel mitzumischen. Wir setzen uns ständig mit unserem Wert auseinander und vielleicht stellen wir permanent andere auf ein Podest, weil sie viel überzeugender auftreten können als wir. Im Laufe des Lebens erleben wir viele Enttäuschungen, denn wir erkennen, dass so manch ein Vorbild, das wir uns gemacht haben, in sich selbst zusammenstürzt, unsere Erwartungen nicht erfüllen kann. Letztendlich aber erkennen wir, dass die anderen auch nur mit Wasser kochen, und irgendwo entdecken wir im Laufe der Jahre, dass auch wir wertvoll sind. Wären wir ohne Minderwertigkeitskomplexe zu einem Pfiffikus geworden, der sich durchs Leben schlängelt und ständig auf die falschen Werte achtet, haben wir durch unsere Minderwertigkeitskomplexe gelernt zu erkennen, was wirklich wertvoll ist an uns und an den anderen. Der Minderwertigkeitskomplex hat so im Laufe des Weges uns den Schlüssel zu einem Durchblick gegeben, von dem andere, die keine Komplexe hatten, nur träumen können.

Sandkörner werden zu Perlen

Ein wunderbares Beispiel für den Umgang mit Behinderungen bietet uns die Auster. Die Auster ist eigentlich ein ganz bescheidenes Geschöpf, aber doch ein großer Lehrer. Die Auster versucht immer, ihr Haus rein zu halten. Wenn einmal ein Sandkörnchen vom Meerwasser in die Schale gespült wird, dann sorgt sie dafür, dass sie es wieder herausspülen kann. Meistens gelingt ihr das auch. Ganz selten gelingt es ihr nicht. Manchmal ist ein Sandkörnchen so hartnäckig, dass die Auster es nicht wieder loswird. Das zeigt sich dann für die Auster als Behinderung, doch was macht die Auster daraus? Sie macht das Beste daraus, was sie tun kann – eine Perle.

So sind auch die Sandkörner im Getriebe unseres Lebens potenzielle Perlen. Das große Versprechen des Lebens an uns ist, dass auch wir aus jedem Handikap, aus jeder Behinderung, die nicht so leicht zu beseitigen ist, eine Perle in unserem Leben machen können.

Wenn das Leben uns eine saure Zitrone beschert, dann machen wir eben eine köstliche Zitronenlimonade daraus. Wir machen so das Beste aus dem, was nicht zu ändern ist, aus unseren Behinderungen, aus unseren Komplexen. Damit wir inmitten der Handikaps nicht versacken und inmitten der Gaben nicht eitel und unbewusst werden, braucht es eine innere Ausrichtung auf etwas Höheres, auf Gott, die Eine Kraft, wie immer wir eben jenes nennen wollen.

Der Sinn einer Ausrichtung im Leben

Das Leben ist wie ein Fluss. Es hat seine eigenen Gesetze und Gesetzmäßigkeiten. Die Religionen des Ostens haben uns immer wieder ermuntert, mit diesem Lebensstrom eins zu werden, sich aufzulösen in diesem großen Lebensstrom. Der Buddhismus, der TAO-ismus, der Hinduismus, sie alle befürworten diese Selbstauflösung in diesem Fluss oder Ozean, den wir Gott, die »eine Kraft« oder wie auch immer nennen.

Wenn sowieso alles eins ist, alles göttlich ist, brauchen wir dann eine Ausrichtung und Disziplin? Warum sich anstrengen, wenn doch alles sich von selbst ergibt, vielleicht sogar, wie die Fatalisten glauben, vorgegeben ist?

Die Religionen des Westens, Judentum, Islam und Christentum, glauben im Gegensatz zu jenen des Ostens, dass der Mensch eine Ausrichtung braucht und vieles auch vom Menschen selber abhänge. Vielleicht verdanken wir diesem Glauben unser Wirtschaftswachstum, aber auch so manchen Größenwahn.

Ost und West vertragen sich nicht immer. Der Kapitalismus und die Fortschrittsgläubigkeit des Westens werden oft von denen im Osten belächelt und der Fatalismus des Ostens wird oft vom modernen Westen mit einem Kopfschütteln abgetan. Letztendlich haben beide, der Osten und der Westen, ihre Berechtigung. Da wir uns für eine Inkarnation im Westen entschieden haben, können wir eigentlich daraus schließen, dass unsere Seele auf typisch westliche Tugenden wie Strebsamkeit, Zielbewusstheit usw. gesteigerten Wert legt, sonst wären wir vielleicht als Bettler in Kalkutta geboren.

Von einer höheren Warte betrachtet, mögen unsere Anstrengungen vielleicht nicht mehr sein als das Bestreben einer Ameise, einen Grashalm von A nach B zu tragen. Wer sagt uns, dass der Grashalm durch den Wind nicht wieder von B nach A fliegt? Und doch können wir durch Strebsamkeit und Ausrichtung etwas erreichen, und zwar unabhängig davon, dass das Leben im Westen durch die notwendigen Gegebenheiten wie Miete, Steuern, Kleidung, Altersversorgung etc. uns sogar zur Strebsamkeit zwingt.

Die Errungenschaft, die wir durch Strebsamkeit erreichen können, lässt sich mit den Ambitionen eines Marathonläufers vergleichen, der täglich für die Olympiade trainiert und dann vielleicht eine Absage für die Teilnahme an den Spielen bekommt. Er hat zwar äußerlich sein Ziel scheinbar nicht erreicht, es ist ihm »genommen worden«, aber in seinem Charakter hat er sich gewandelt. Er hat Disziplin gelernt, er hat seinen Körper und seine Körperkräfte überwunden, er hat gelernt, Zähigkeit und geistige Kräfte zu entwickeln.

Ähnlich ist es auch mit unserer Seele. Ob wir jetzt sofort Beifall vom Leben für unsere Strebsamkeit und Zielbewusstheit bekommen oder nicht, ob wir vielleicht sogar manchmal dem Aale gleich gegen den Strom schwimmen müssen, um zur »Quelle« zu gelangen – durch unsere Zielbewusstheit schaffen wir eine innere Errungenschaft, die uns – so können wir vielleicht sagen – irgendwo unsterblich macht – das heißt, die bewirkt, dass die Bewusstheit auch nach dem Tod erhalten bleibt.

Im Ozean des Lebens schwimmen unzählige Gedanken, Überzeugungen, Fragmente von Lebensströmungen. Wenn wir uns treiben lassen wie ein Floß im Wind, werden wir alle möglichen Überzeugungen, Muster, Gedanken kennen lernen, wenn wir aber eine Zielbewusstheit entwickeln, dann werden wir lernen zu »navigieren«. Dazu möchte dieses Buch beitragen. Es ist dann, als wenn wir auf einmal ein Paddel in der Hand halten. Wir sind immer noch auf dem gleichen Fluss, aber wir können ein wenig näher an das Schilf heransteuern und den Kolibri in der Mittagssonne beobachten oder die Schönheit der Pfaue, die am Flussufer umherstolzieren. Wir sind eingebettet in Gegebenheiten und doch steuern wir selbst. Wenn wir lernen, uns selbst auszurichten, erkennen wir im Laufe der Jahre, dass wir, indem wir uns selbst ausrichten, uns auf unser Selbst ausrichten, so wie die ZEN-Meister sagen:

»Das Leben ist ein Pfeil, die Zielbewusstheit ist der Bogen, das Ziel bist du selbst.«

Die meditative Morgenvorausschau

»Morgenstund hat Gold im Mund«, sagt der Volksmund und er hat Recht. Aber eigentlich beginnt die Morgenstunde bereits bei der Abendstunde, denn so, wie wir einschlafen, so wachen wir auch wieder auf. Zumindest gibt es einen Einfluss, den die Art, wie wir den vorangegangenen Tag beendet haben, auf den Morgen hat. Deshalb empfiehlt es sich, wenn wir Zielbewusstheit entwickeln wollen:

1. Abends nichts Schweres mehr essen, zwei Stunden vor dem Einschlafen gar nichts oder nur noch einen kleinen Snack. Denn: Ein voller Bauch produziert Albträume. Und: Nachts ruhen die Verdauungsorgane, der Unrat bleibt also bis zum nächsten Morgen liegen. Morgens aber ist nach der Organuhr (vgl. die Werke von *Dr. med. Stiefvater*) Ausscheidung angesagt, also belastet ein zu schweres Abendessen den gesamten nächsten Tag. Eine Hostie, ein Stück Obst oder ein ganz dezent mit Honig gesüßter Tee (Yogi-Tee!) wären ein erlaubtes »Betthupferl«.

2. Zwei Stunden vor dem Einschlafen nicht mehr Fernsehen. Dies ist sinnvoll, damit in die Träume nicht die Bilder vom Fernsehen eindringen, die mit unserem Leben gar nichts mehr zu tun haben, sondern die Bilder, die uns helfen, unser Leben zu bewältigen. Besser als Fernsehen wäre ein längerer Spaziergang vor dem Einschlafen in der Natur ggf. mit einem Freund. So kann »die Seele ausbaumeln«, vielleicht auch der eine oder andere Gedanke über den Tag abgeschlossen und losgelassen werden.

3. Das Bereitlegen eines Traumtagebuches direkt neben das Bett, damit wir, wenn wir nachts aufwachen, unsere Träume direkt notieren können – am nächsten Morgen sind sie vergessen und damit so manche wichtige Information, die uns das Unterbewusstsein über Träume geben wollte.

4. Neben das Bett gehört, so Pfarrer Kneipp, eine Schüssel mit kaltem Wasser und ein Waschlappen. Direkt nach dem Auf-

wachen empfiehlt sich eine Kneippsche Waschung mit kaltem Wasser, beginnend mit den Extremitäten und immer zum Herzen hin. Dadurch wird das Od, die Lebenskraft, angeregt und der Kreislauf in Gang gesetzt. Danach die Bettdecke umdrehen, sodass die Oberseite jetzt unten liegt und noch einige Minuten den »Prickeleffekt« nachwirken lassen.

5. Neben der morgendlichen Waschung, man fühlt sich gleich viel wohler, weil die Organe entgiften, empfiehlt sich die gedankliche Einstimmung auf den Tag in Form einer so genannten Psychohygiene. Wir gehen gleich morgens im Bett den Tag gedanklich durch:

   - Was kommt heute auf mich zu?
   - In welche Situationen werde ich heute wahrscheinlich kommen?
   - Mit welcher Situation, die heute auf mich zukommen wird, könnte ich ein Problem haben?

   Ein kurzes Gebet oder eine Meditation mit der Bitte um Erkenntnis, wie diese Situation bewältigt werden könnte, bis der Tag klar vor einem liegt, ist hilfreich.

Es kann dann sein, dass der Tag doch ganz anders läuft, als in der Morgenvorausschau gesehen, oder zumindest teilweise, aber das macht nichts. Wenn ein Rad einmal eine Ausrichtung hat, wenn es erst einmal in Gang gesetzt ist, macht es nichts, die Richtung zu verändern; wenn ein Rad aber unausgerichtet auf dem Boden herumliegt, wird es kaum einer Veränderung folgen können.

Bei der Morgenvorbereitung geht es also nicht um eine dogmatische Fixierung des Tages, wir sind keine Roboter. Die »Psychohygiene am Morgen« soll ein tieferes, umfassenderes, heileres Verstehen unserer Tagesaufgabe aus der Meditation heraus entwickeln. Dieses heilere Verständnis können wir dann auch in völlig unerwartete Lebenssituationen einbringen, wir sind flexibel, WEIL wir vorbereitet sind. Es geht also nicht zwanghaft um das buchstabengetreue Nachvollziehen einzelner Schritte, sondern um die praktische Anwendung einer Ausrichtung, die wir bereits morgens in der Meditation üben konnten. Wenn unvorbereitete Dinge geschehen, gehen wir dank unserer Morgeneinstimmung vorbereiteter, konsequenter und zügiger durch den Tag, als wenn wir uns einfach so hineintreiben lassen würden. Wir entscheiden selbst:

Wollen wir den Tag verträumen oder
unseren Traum verwirklichen?

Die richtige Ernährung

Zu einer bewussten Tagesgestaltung gehört auch eine richtige Ernährung. Die Zunge ist hier oftmals nicht der richtige Ratgeber. Sie ist konditioniert durch Werbung, Erziehung usw. Wir brauchen oft ein Leben lang, um die Zunge wieder zu entkonditionieren und sie auf ihre eigentliche Funktion zurückzuführen, gute, d.h. für uns förderliche Nahrung von ungeeigneter zu unterscheiden. Der Drang nach richtiger Ernährung sollte natürlich nicht in Selbstvergewaltigung ausarten, auch unser Emotionalkörper, der Sitz unserer Gefühle, will genährt und gestreichelt sein. Aber wenn wir wissen, dass 70 % (!) unserer Lebensenergie für Ernährung verbraucht wird, dann überlegen wir uns vielleicht dreimal, ob wir diese schweren Schweinshaxen noch direkt vor dem Einschlafen oder der Arbeit essen sollen, nur weil uns danach gelüstet, um dann drei Stunden lang mit Verdauungsproblemen arbeitsunfähig auf der Matte zu liegen.

Geeignet ist grundsätzlich vitale Nahrung, also Dinge, die wachsen, wenn man sie in die Erde steckt, morgens insbesondere leichte Nahrung, da der Körper bis 12.00 Uhr mittags mit der Ausscheidung beschäftigt ist. Als aufbauend empfehlen sich grüner Tee (viele sagen, er sei gleichzeitig ein Antikrebsmittel) und möglicherweise morgens Obst, wenn wir es gut vertragen. Zu viel Brot verschleimt, ebenso zu viel Milch (siehe dazu das Buch *»Harmonische Ernährung in Einklang mit der Natur«* von *Dr. Devanando Weise*). Zudem ist es wichtig, täglich ausreichende Mengen von qualitativ hohem Wasser zu trinken. Hier empfiehlt sich in erster Linie frisches, von einer Heilquelle abgefülltes und in Glasgallonen gelagertes Wasser. Ersatzweise kann es empfehlenswert sein, sich für ein Wasseraufbereitungssystem zu entscheiden. Über die verschiedenen Vor- und Nachteile informiert *Reinhold Will* in seinem Buch *»Geheimnis Wasser, von heilenden und krankmachenden Wässern«*. Zudem ist es hilfreich, das Trinkwasser zu segnen oder mit guter Musik zu beschallen (z.B. CD *»Water Spirit«* von *Richard Hiebinger*). Zum Thema Wasser siehe auch das Buch *Franz Heininger, »Trink Wasser!« Ernähre dich bewusst. Lebensmittel–Heilmittel–Informationsträger.*

Da jeder eine ureigene Art hat, Energie zu verwerten, und auch jeder ein etwas anderes Tagwerk vor sich hat, der eine ist Bauarbeiter, der andere Künstler, braucht jeder einen individuellen

Nahrungsplan – der eine braucht die Energie im Kopf, der andere in den Händen, wieder ein anderer noch ganz woanders. Eine Bewusstheit über die optimale Ernährung und eine gewissenhafte Selbstbeobachtung können uns helfen, vital und klar unsere Ziele zu verfolgen, denn aus dem, was wir essen, baut der Körper seine Zellen auf. Deshalb sagt man auch im Volksmund und dies will ganz ohne Dogma verstanden werden:

»Der Mensch ist, was er isst!«

Aber: So manch einer braucht eben seinen Kaffee oder sein Filetsteak, weil es zu ihm gehört. In dem Fall ist es allgemein richtiger, das zu essen, was einem entspricht, auch wenn es nach den Ernährungslehren vielleicht nicht so ideal wäre. Wer also aus allem Hackfleisch machen möchte (»Der Mensch ist, was er isst«) oder sich seine eigenen Schweinshaxen ins Bewusstsein rufen möchte, der soll ruhig zu Letzteren greifen, es ist nichts Schlechtes dabei. Indem wir unser kleines Ich bewusst und liebevoll erleben, entwickeln wir die Sehnsucht nach dem SELBST, das durch uns wirken möchte. Das gilt auch für die richtige Ernährung: So manch eine Ess- oder Fresssucht verschwindet ganz von alleine, hat man sie erst einmal lieben und verstehen gelernt.

Die meditative Tagesrückschau

Gerade die Psychohygiene am Tagesende ist eine wunderbare Angewohnheit, hat man sie erst einmal erlernt. So wie wir uns die Hände waschen, könnten wir, ja sollten wir, jeden Abend Psychohygiene machen. Dies wäre dann unsere »Tagesschau live«. Wenn wir den Tag und seine Synchronizitäten, seine so genannten »Zufälligkeiten« genau betrachten, erkennen wir oft, dass bestimmte Tage mit ganz bestimmten Themen vorrangig zu tun hatten. Manchmal begegnete uns dreimal am Tag die gleiche Person. Manchmal wurden wir mehrmals auf das gleiche Thema angesprochen. Wieder ein andermal wurden wir mehrmals am Tag mit der gleichen Schwierigkeit konfrontiert oder dem gleichen Hindernis.

Die »Mayas« behaupten sogar, dass jeder Tag eine ganz besondere Qualität hat, die sich anhand eines »Maya-Kalenders« ablesen ließe. Ähnliches behaupten auch die Anhänger des »Human Design Systems«, einer Art Kalendersystem, das die Tagesqualität mit dem I-Ging verbindet. Wenn wir wissen, dass unsere DNS, also unsere Erbanlagen, nach dem I-Ging aufgebaut ist, erscheint uns diese Idee gar nicht einmal so abwegig. Doch die Idee, bestimmte Tage mit bestimmten Zeitqualitäten zu verbinden, ist eigentlich uralt. So verbanden die Kelten die Qualität der Tage mit ganz bestimmten Baumqualitäten (das keltische Baumhoroskop). Bereits Wallenstein und Könige der Bibel ließen sich die Qualität der Zeit aus den Sternen deuten. Die Germanen benannten die Wochentage nach den Qualitäten von Gottheiten, daher die Namensverwandtschaften Montag (= Mond), Sonntag (= Sonne), Freitag (nach Freya, einer germanischen Gottheit) usw. Die Römer benannten Monate nach den Qualitäten von Gottheiten und von ihnen verehrten gottähnlichen Kaisern, so stammt z.B. der Monat Juni von der Göttin »Juno« ab und der Juli von »Julius Caesar«.

Unabhängig von dem jeweiligen Zeitsystem, der speziellen Zeitqualität, die ein Astrologe, »Maya« oder »Druide« für den Tag errechnet, erscheint es interessant, die Tage, die wir durchleben, mit

Qualitäten zu verbinden und jene Qualitäten bei der Tagesrückschau einmal anzuschauen. Dadurch trainieren wir uns Tag für Tag, unsere Ausrichtung auf ständig wechselnde göttliche Qualitäten zu lenken, wir setzen dadurch ein Erfolgsrad in Gang, vielleicht sogar eine Erfolgsspirale. Natürlich können wir selbst uns auch nach eigenem Schema entscheiden, bestimmte Wochentage bestimmten Qualitäten zu weihen und sie dann unter diesem Aspekt zu erleben, z.B. am Montag »Liebe«, am Dienstag »Weisheit« usw. Im Laufe der Zeit erkennen wir, dass dann diese positive Ausrichtung uns auch hilft, uns (zu uns) selbst zu helfen, unser Leben auszurichten.

Unabhängig von der jeweiligen Tagesqualität könnten wir uns jeden Abend fragen, wie unser Tag gelaufen ist. Nach Möglichkeit sollten wir uns mit einem Freund verabreden, mit dem wir vor dem Einschlafen noch telefonieren oder uns zu einer Tagesrückschau treffen, und die folgenden Punkte ins Bewusstsein rufen:

- Welche Lebenssituationen sind mir heute begegnet?
- Welche Botschaften hat mir der heutige Tag überreicht?
- Welche »Zufälle« sind mir aufgefallen und welche Themen?
- Welche Menschen, Situationen sind mir heute begegnet und was haben sie mir heute zu sagen gehabt?
- Was habe ich heute erfahren, erkennen, erleben dürfen?
- Welche Probleme gab es und welche Lösungsansätze?
- Welches Geschenk hat mir das Leben mit diesem Tag gemacht?
- Wofür kann ich dankbar sein?

Tagesrückschau bedeutet also, den Tag, die einzelnen Ereignisse noch einmal ins Bewusstsein zu nehmen. Wir dürfen uns freuen und dankbar sein für das, was gelungen ist. Das, was nicht so optimal gelungen ist, können wir geistig bereinigen, nicht, indem wir an uns herumkritisieren, sondern indem wir in unsere Mitte gehen und die Erkenntnis suchen, die uns hilft, diese Situation in Zukunft souveräner zu gestalten, ggf. die Situation auch »mental umerleben« (wie dies geht, lernen wir an späterer Stelle).

Das aufrichtige Suchen hilft uns auch für unsere Ausrichtung in die Zukunft hinein. So wird ein guter und wichtiger Reflex im Bewusstsein eingeschliffen, nämlich jener, immer wenn etwas unstimmig ist, nach innen zu gehen und den Schlüssel für ein souveräneres Verhalten zu suchen und hervorzubringen.

So verwendet ist die tägliche Psychohygiene eine der besten Investitionen, die es gibt. Sie kostet letztendlich keine Zeit, sondern spart Zeit. Wir handeln effektiver, sicherer, zielgerichteter, machen weniger Fehler, haben dadurch weniger Probleme, benötigen weniger Zeit, die man sonst gebraucht hätte, um die Probleme wieder auszubügeln. Wir achten darauf, »in der Spur« zu bleiben, in der Spur zu uns selbst und damit in der Spur, die uns auch (zu uns) selbst hilft.

Dem Leben eine Chance geben

Keine Situation ist genau so wie die andere und Alternativvorschläge, die wir uns abends erarbeiten, haben ihren Wert eher in der Ausrichtung, die sie dokumentieren, als in dem Vorbildcharakter. Wenn wir wieder in eine ähnliche Situation kommen, können wir wiederum nur unser Bestes geben und wenn das Vorbild nicht passt, sollten wir uns nicht verurteilen, sondern spontan und natürlich handeln, stets bereit, neu zu lernen.

Machen wir deshalb unseren Perfektionismus nicht zur Zwanghaftigkeit. Würden wir »Fehler« dazu missbrauchen, um uns Schuldgefühle zu machen oder uns im negativen Sinne zu maßregeln, hätten wir das Ganze nicht verstanden. Egal, wie viele Vorstellungen wir uns davon machen, wie wir sein sollten, der »Lehrer Leben« wird uns in den darauf folgenden Tagen immer wieder neue, ungewöhnliche und überraschende Elemente einspielen, für die wir dann noch keine Vorbilder haben, und das ist auch gut so, auf dass wir nicht engstirnig oder dogmatisch, sondern lebendig werden. So begegnet ein gerichtetes Bewusstsein diesem Segen, dieser Dankbarkeit, leben zu dürfen.

Wenn wir uns bewusst machen, dass bei aller Ernsthaftigkeit eigentlich alles nur ein Spiel, nämlich ein Spiel der Bewusstwerdung ist und dass Zielgerichtetheit nur einer von vielen Wegen ist, dieses Spiel zu spielen, können wir uns vom Wahn des kleinkarierten Perfektionismus erlösen und uns vom Stress, es um jeden Preis schaffen zu müssen, befreien.

Stress managen

Wir leben in einer Zeit, in der es sehr viel Stress gibt. Wo entsteht Stress? Stress kann letztendlich nie von außen an uns herangetragen werden. Niemand kann einen anderen in Stress versetzen, es sei denn, der andere lässt es zu. Niemand kann einen stressen, außer man tut es selbst. Und man selbst ist auch der einzige Mensch, der es sein lassen kann, dieses »Sich-zu-Stressen«. Es gibt viele Gründe für die Zunahme von Stress in der Gesellschaft. Einer davon ist die ständige Beschleunigung, die wir als Bevölkerung derzeit erfahren: Computertechnisierung, Modernisierung, alles wird immer schneller und schneller. Und doch brauchen wir uns deshalb nicht stressen zu lassen. Allerdings müssen wir, wenn wir Stress managen wollen, lernen, immer leichter und schneller zu unterscheiden und Prioritäten zu setzen:

- Was ist wesentlich, was ist wichtig, was ist unwichtig?
- Wofür ist wann die beste Zeit? (Gespräche mit Tante Emma sollte man vielleicht auf die Abendstunden verlegen.)
- Gibt es Zeitwellen, in denen wir besonders effektiv arbeiten können (Biorhythmus studieren u.Ä.)?
- Gibt es Zeiten, in denen wir uns zur Arbeit quälen, statt zu dieser Zeit zu relaxen und dann zu einer anderen Zeit locker zu arbeiten (z.B. nachts)?

Jedes Projekt, jede geistige Geburt, aber auch jedes Werk, das wir erstellen, hat einen eigenen Verlauf und ich meine dies wirklich wörtlich. Der erfahrene Künstler kennt so etwas – wenn die Muse ruft, gibt es kein Zögern, da muss alles liegen gelassen werden; wenn die Muse schläft, darf der Künstler auch schlafen. Das Gleiche gilt für den Verkäufer – indem wir lernen, »mit und in der jeweiligen Zeitqualität zu surfen«, können wir dynamisch sein, ohne zugleich in Druck oder Sog zu geraten.

Es ist eine Illusion zu glauben, jede Stunde wäre gleich inhaltsvoll. Es ist wie mit den Zitronen, manche geben total viel Saft ab, andere sind total trocken. Wenn wir lernen, dass eine Stunde mehr ist als die Summe ihrer Minuten, machen wir uns keinen Stress, wenn wir einmal nicht arbeiten können, weil die Zeitqualität (noch nicht) reif dafür ist, und wir machen uns keinen Stress, wenn die Stunde mit 120 Minuten gefüllt zu sein scheint. Wir wissen, dass nach einer aktiven Zeitperiode wieder eine Zeit des Ruhens kommt, nach einer arbeitsreichen eine genussreiche – alles wandelt sich, alles fließt.

Wer aber Schichtarbeiter, Angestellter oder Beamter ist und nicht nach Leistung, sondern nach abgesessener Zeit bezahlt wird, braucht erst recht keinen Stress zu haben. Er kann sich nach dem Motto richten:

»Arbeite ruhig und gediegen und was nicht fertig wird, bleibt liegen!«

Prioritäten erkennen und umsetzen

Wenn wir versuchen, in einer bestimmten zur Verfügung stehenden Zeit mehr zu tun, als wir in dieser Zeit tun können, geraten wir besonders gerne in Stress. Dann beschwert man sich über die Umstände, doch der Stress kam eigentlich von innen, war hausgemacht. Kann ein Chef, ein Kollege, eine Situation uns überhaupt in Stress versetzen? Überhaupt nicht. Der Chef kann einem die Arbeit hinlegen, die Kollegin kann im Urlaub sein, unser Projekt noch so drängeln, wenn wir konsequent sind, und dazu gehört auch konsequent »nein sagen« zu lernen, lässt sich Stress managen.

Eine Hilfe kann es sein in dem Moment, wo es wieder so weit ist, wo wir spüren, wir geraten wieder in Stress, eine Minute Pause einzulegen und eine Liste zu machen:

Was ist alles zu tun? Wir schreiben alles auf und setzen Prioritäten: Was ist das Wichtigste, Zweitwichtigste, Drittwichtigste? Wir ordnen die einzelnen Punkte neu und fangen mit Punkt eins an, als hätten wir sonst am Tag nichts zu tun. Wenn der Punkt eins total erledigt ist, machen wir Punkt zwei. Wenn auch der erledigt ist, bearbeiten wir noch Punkt drei. Falls noch Zeit ist, nehmen wir uns Punkt vier vor. Wenn keine Zeit mehr ist, ist eben Feierabend und die übrigen Punkte kommen in den darauf folgenden Tagen dran. Wer dies mit einer Systemhilfe nachvollziehen möchte, dem sei in dem Zusammenhang das *Zeitplanbuch* von *»Helfrecht«* (Helfrecht-Institut, Bad Alexandersbad) oder ein anderes Zeitplansystem empfohlen. Wenn dann jemand sagt »Meine Arbeit ist mit der Methode nicht zu schaffen«, kann es sein, dass er Recht hat. Dann ist sie oftmals auch mit keiner anderen Methode zu schaffen, denn er hat sich einfach zu viel vorgenommen und muss lernen, was in einer zur Verfügung stehenden Zeitspanne tatsächlich realistisch zu schaffen ist. Einen Vorteil hat die Zeitplan-Methode: Es ist wenigstens das Wichtigste erledigt und das weniger Wichtige bleibt liegen. Und am nächsten Tag können wir neu bestimmen, ob das heute weniger Wichtige vielleicht wichtiger geworden ist. Unterscheiden wir in dem Zusammenhang auch zwischen

- Unwichtigem (was keine Bedeutung hat, aber vielleicht Spaß macht)
- Wichtigem (was notwendig zu erledigen ist, also »Gewicht« hat)
- Wesentlichem (was das »Wesen« betrifft, also auf jeden Fall erledigt werden muss).

Eine zusätzliche Unterscheidung ist die zwischen »Dringendem« und »weniger Dringendem«. Ein Buch, das wir schreiben sollen, kann wichtig sein, aber nicht dringend. Die Bezahlung der Hundesteuer kann dringend sein, aber eigentlich nicht wichtig. Mitunter kann etwas Wichtiges dringend werden und etwas Dringendes wichtig. Deswegen entscheiden wir jeden Tag neu aus der Liste der Dinge, die getan werden müssen, was ist das Wichtigste oder Dringendste, und das wird getan. Dann haben wir wenigstens die wichtigen bzw. dringenden Dinge erledigt.

Kurzfristige Aktivitäten verknüpfen

Durch Verknüpfung kurzfristiger Aktivitäten können wir uns Freude-Impulse holen, auch wenn sie unwichtig sind:

Beispiel: Wir sitzen an einem wichtigen Projekt, sind eigentlich ganz geschafft, brauchen eine Pause. Unsere Großmutter hat um Rückruf gebeten, eigentlich unwichtig. Doch wir rufen an, kümmern uns um die Großmutter und gewinnen so mehr Elan, als wir durch ein Mittagsschläfchen gewonnen hätten.

Gut ist es hinzuspüren, welche Aktivität uns Energie gibt und welche Energie kostet. Oftmals ist die Aktivität, die uns Energie gibt, die richtige, auch wenn sie weniger wichtig ist. Die Zeit hat oftmals ihre eigene Weise, wie sie Dinge ordnet, wenn wir sie uns zum Freund machen und gleichzeitig unseren logischen Verstand mitnehmen, während wir »in der Zeit surfen«.

Den Stress sich zum Freund machen

Die bekannte Buchautorin *Vera Birkenbihl* unterscheidet bei Stress zwischen Eustress und Disstress. Eustress (wortverwandt mit »Euphorie«) ist für sie eine beflügelnde Energie, die uns zu Taten anspornt, Disstress (wortverwandt mit »Disharmonie«) eine Energie, die uns Kraft und Nerven raubt. Ganz ohne (Eu)Stress kann kein Mensch leben, wir sollten Stress deshalb nicht unterdrücken, sonst werden wir möglicherweise lahme Pfeffersäcke. Wir sollten nur seine unguten Begleiterscheinungen reduzieren durch Stress- und Zeitmanagement, Prioritäten setzen usw.

Eine Entdeckung, die vielleicht neu ist, ist jene, dass jeder seine eigene »Stresswelle« hat und wir dieser »Stresswelle« vertrauen können, auf ihr reiten können. Für »Stresssurfer« braucht es allerdings die Achtsamkeit zu erkennen, wann man beginnt zu überdrehen. Stress kann uns beflügeln, aber wenn er zum Tyrannen wird, ist er ungut. Eine gute Hilfe gegen Disstress kann sein zu erkennen:

Im Angesicht der Ewigkeit ist NICHTS wirklich wichtig! Nichts kostet uns wirklich das Leben, wenn wir es nicht schaffen! Als Gott die Zeit geschaffen hat, hat er von Eile nichts gesagt, aber eilen dürfen wir – wenn wir wollen! Spannung und Entspannung sind ein Spiel, Stress ist ein Spiel wie der Atem, wie der Pulsschlag. Können wir Stress als Spiel erleben, kann er uns beflügeln.

Gelegenheiten von Ablenkungen unterscheiden

Nicht immer ist die Abgrenzung leicht: Was stellt eine Gelegenheit für uns dar und was lenkt uns von unserer eigentlichen Aufgabe ab? Manchmal gibt es scheinbare Ablenkungen, die aber in Wahrheit ganz gute Schwungräder und Gelegenheiten darstellen:

Beispiel: Jemand ist Schriftsteller und will eigentlich an seinem

Buch schreiben. Da ruft ihn ein Freund an und will mit ihm zu einem Wasserfall fahren, um ein Tauchbad zu nehmen. Hier könnte es zu empfehlen sein, das Angebot wahrzunehmen und doppelt erfrischt sich dann wieder an die Arbeit zu machen. Wichtig wäre es allerdings hier, den Fokus zu halten, d.h. sich auch beim Wasserfallbaden bewusst zu machen, wann man wieder zurück sein will und welches Tagwerk man vollbringen will. Sonst ist man zu offen für Ablenkungen, lässt sich noch auf eine Sahnetorte einladen, die man eigentlich gar nicht essen will, oder in ein völlig unnötiges Gespräch verwickeln, der andere hat möglicherweise Langeweile und dann hängt man völlig erschöpft und »aus der Spur« in den Seilen und muss die Sahnetorte und das Gespräch verdauen und dann ist ja eh wieder Abend und ein wertvoller Tag ist verpufft. Halten wir allerdings den Fokus auch in der freien Zeit, dann gelingt es uns, spontan und planvoll zugleich in Zeit und Raum zu navigieren und unser Zentrum, das SELBST, so zu bekräftigen.

Achtsamkeit ist also wichtig, gerade in Bezug auf Ablenkungen und Gelegenheiten. Es gibt Fälle, wo wir morgens aufstehen und ein ganzes Tagwerk vor uns sehen und dann ruft A an und labert uns mit seinen Problemen voll und dann ruft B an und will mit uns einkaufen gehen. Wir machen dann vielleicht all das mit und aus lauter Trotteligkeit und falscher Gutmütigkeit haben wir nicht nur nichts geschafft, was uns unserem Ziel näher bringt, sondern noch dazu einen Haufen Geld ausgegeben. Hier ist es also sinnvoll »hinzuschauen«, d.h. kurz in die Intuition, die Stille, die Wahrnehmung zu gehen und sich zu fragen »Ist dies jetzt die richtige Tat oder ist es nur eine Ablenkung, wenn ich darauf einsteige?« Im Laufe der Zeit entwickeln wir, wenn wir darum bemüht sind, eine ziemlich klare Wahrnehmung dafür, was Gelegenheiten und was Ablenkungen sind. Doch es gibt auch einige geistige

Hilfsmittel, die uns dabei helfen können, nicht nur Ablenkungen von Gelegenheiten zu unterscheiden, sondern überhaupt unsere Entscheidungen fundierter und damit souveräner als bisher zu treffen.

Techniken zur Entscheidungshilfe

Nachfolgend einige Techniken zur Entscheidungshilfe. Wir sollten sie allerdings nur dort anwenden, wo wir spüren, dass eine Sache auch entscheidungsreif ist. Dort, wo die Zeit noch nicht reif ist, eine Entscheidung zu fällen, würden wir mit der Technik nur uns selbst betrügen. Eine Faustregel für die Frage, ob eine Sache entscheidungsreif ist, könnte sein:

Wann immer wir eine feste Vorstellung haben, wie das Ergebnis aussehen sollte, ist die Sache noch nicht entscheidungsreif; erst wenn uns egal ist, wie wir entscheiden, können wir wahrnehmen, was richtig wäre.

Dort aber, wo wir von Natur aus ganz klar sind, dass wir diese oder jene Entscheidung treffen wollen und sollen, brauchen wir keine Technik, dort entscheiden wir einfach aus uns selbst heraus.
Jetzt aber zu den Techniken:

1. Eine Visualisierungstechnik, die uns dabei helfen kann, ist jene, das während wir an die Entscheidung denken, wir uns einen Dauerläufer vorstellen und zuschauen, ob der Dauerläufer an der Zielgeraden ankommt oder auf halbem Weg schlapp macht. Nur wo der Dauerläufer ans Ziel kommt, sollte man dies als Indiz für einen guten Impuls ansehen.

2. Eine andere Möglichkeit ist das katathyme Vorerleben: Wir stellen uns vor, wir gehen auf das Angebot ein und schauen mit dem Auge unserer Imagination, wie wir uns dann am Ende des Tages fühlen. Dann stellen wir uns vor, dass wir das Angebot ablehnen und sehen, wie wir uns dann fühlen (Hilfe zum Visualisieren bieten die Bücher *»Stell dir vor – kreativ visualisieren«* von *Shakti Gawain* oder *»Kraftquelle Mentaltraining«* von *Kurt Tepperwein*).

3. Eine dritte Möglichkeit ist jene, in Meditationshaltung den Atem zu beobachten, fünfzehn Minuten lang, und dann aus der Tiefe heraus zu entscheiden. Die oberflächlichen und verführerischen Gedanken halten es nämlich nicht fünfzehn Minuten aus, bei einem zu bleiben. Es gibt Topmanager, die sich auf diese Weise ihre wichtigen Entscheidungen »ersitzen«.

4. Eine vierte Möglichkeit ist es, fünfzehn Minuten lang auf einen Punkt oder einen Gegenstand (z.B. eine Rose) mit weichen Augen zu schauen und sich dann zu entscheiden. In dem Fall hat unsere Entscheidung eine sehr starke Konzentrationskraft, sie drückt sich sehr fokussiert aus.

5. Wenn wir eine Nacht Bedenkzeit haben, können wir die Traumkraft um Hilfe bitten. Wir können sogar, wenn wir wollen, diesen Prozess unterstützen, indem wir ein Glas Wasser neben das Bett stellen und auf einen Zettel, den wir unter das Glas legen, schreiben, in welchem Punkt wir uns von der Traumkraft eine Entscheidung wünschen. Am nächsten Morgen trinken wir das Wasser in dem Bewusstsein, dass die Lösung uns hiermit zufließt.

6. Wir lassen das Leben fließen und schauen auf die Impulse, Synchronizitäten und Führungen, die sich ergeben.

Was immer wir für eine Methode wählen, um das »feine Rad der Unterscheidung« in Gang zu setzen, es wird sich als ein Segen erweisen, Unterscheidungskraft und Urteilsfähigkeit zu üben. Dies kann einige Zeit brauchen, aber wenn wir uns nicht auf den Weg machen, wenn wir Versuch und Irrtum scheuen, verpassen wir möglicherweise unser ganzes Leben mit Oberflächenentscheidungen. Bedenken wir:

»Der Weg ist das Ziel, wichtig ist es, auf dem Weg zu sein!«

Loslassen, wo wir nichts finden können

Loslassen sollten wir dort, wo wir nichts finden können. Ein altes Sprichwort lautet: »Man bekommt keine Milch bei einem Ziegenbock«. Und doch betteln wir vielleicht oftmals bei irgendeinem Menschen, in den wir uns verguckt haben oder von dem wir uns etwas erhoffen, um Liebe, Geld, Glück, Anerkennung oder wollen von unseren Eltern, Nachbarn, Lehrern, Kindern, Ehepartnern die Anerkennung, die sie uns seit vierzig Jahren versagt haben, erzwingen.

Hier gilt es natürlich auch zu unterscheiden, wo wir Beharrlichkeit brauchen und wo wir loslassen sollten. Beharrlichkeit sollten wir beibehalten für das höhere Ziel, das hinter unseren Bemühungen steht. Loslassen sollten wir die Erwartung, »nur hier« und »nur von diesem Menschen« das zu bekommen, was wir uns wünschen.

Es kann aber sein, dass ein karmisches Band, eine Verabredung auf einer anderen Ebene oder ein Muster uns dazu bringt, an einer Person oder einem Umstand festzuhalten, obwohl jene uns scheinbar unserem Ziel nicht näher bringen. Man sagt, es gäbe ein »Veto-Recht der Seele«, das einen ermuntere, manchmal an etwas festzuhalten, was scheinbar nicht nach Erfüllung aussieht. Hier gilt es, genau hinzuschauen, ob vielleicht eine Art »höherer Erfolg« (z.B. Anpassungsfähigkeit lernen) hinter diesem Verbleiben steht oder ob es wirklich sinnlos ist, sich momentan an diesem Menschen oder Umstand weiter festzuhalten. In letzterem Fall ist es durchaus legitim, das karmische Band oder das Muster loszulassen, um Erlösung zu bitten oder jene durch ein verändertes Verhalten selbst in Gang zu setzen.

Sich helfen lassen

Wenn wir hier die aktive Seite besprechen (»Hilf dir selbst«), dürfen wir auch die passive Seite nicht vergessen (»Lass dir helfen«). Beide Maximen sind wie zwei Seiten einer Medaille – die wir beide für ein erfülltes Leben brauchen. Sich selbst aktiv-dynamisch zu helfen, ist unser männlich-projektiver Aspekt, sich helfen zu lassen, unser weiblich-rezeptiver Pol. So wie die Nacht den Tag ermöglicht und das Ausatmen das Einatmen, sollten wir also auch lernen, die Geschenke des Lebens anzunehmen, gerade auch dort, wo uns jemand hilft, obwohl wir es scheinbar nicht »verdient« haben. Sich selbst zu helfen und die Geschenke des Lebens anzunehmen, beides zu vereinen, ist wahre Lebenskunst.

Die richtige Einstellung hilft

Mit der richtigen Einstellung lernen wir, falsche Gewohnheiten loszulassen, Stress souverän zu managen bzw. in Eustress zu verwandeln und uns von Angst zu befreien, durch ein gerichtetes Bewusstsein »das Richtige« zu tun, das, was aus unserer Mitte kommt, statt uns in dem zu verfangen, was unser Oberflächenverstand aufgrund seiner Konditionierung für »gut« oder »böse« hält. Unser Leben soll nicht irgendeinem Dogmatiker gefallen, es soll nur zu uns selbst, zu unserem wahren Selbst passen. Hierbei hilft uns der Reflex, nach innen zu gehen und aus unserer Mitte, aus unserer Wahrnehmung (das WAHRE nehmen) zu handeln, statt aus unseren Bewertungen heraus.

Haben wir einmal diesen Reflex, in unsere Mitte zu gehen, erfahren, kann er immer dann eingesetzt werden, wenn wir gerade »außer uns« sind. Indem wir immer wieder in diese Ausrichtung hineingehen, spätestens bei der Tagesrückschau, könnte unser Leben als Meditation und Gebet im reinen Sinne des Wortes gestaltet werden, als unsere ureigene Erfüllung.

»Was du äußerlich darstellst, ist nur eine Form –
was du hineinbringst, ist der Inhalt. Ob du Essig oder Wein
hineingibst, liegt an dir und SEINER Gnade.«

Klaus Jürgen Becker

II. VOM GEDANKEN ZUR TAT

Gedanken in Taten umsetzen

Ein Sprichwort sagt: »Wer heute einen Gedanken sät, erntet morgen eine Tat, übermorgen eine Gewohnheit, daraus ergibt sich dann ein Charakter und letztendlich Schicksal.« Vom Gedanken zur Tat muss also eine Übersetzung sein, die Gedanken in Taten umsetzt – nur dort, wo der Stecker in der Steckdose ist, kann der göttliche Gedankenstrom auch helfen. Wo Gedanken Taten werden, werden automatisch Taten zu Gewohnheiten usw.

Dort, wo bereits alles positiv vorgedacht wurde und wir spüren, jetzt kommt es nur noch aufs Handeln an, und wir uns handlungsfähig fühlen, sollten wir es tun und so das Gesetz »vom Gedanken zur Tat« in Gang setzen. Ein »wirklicher« Erfolg ist doch schöner als einer, den man nur in der Fantasie erlebt!

Viele Mystiker sagen, dass die Arbeit auf der Erde »mit Hand und Fuß« der größte Dienst am Leben sei, weil nur dort, wo wir wirklich Hand anlegen, wir sichtbar zur Manifestation auf diesem Planeten beitragen:

»Arbeit ist sichtbar gemachte Liebe.«

Khalil Gibran, »Der Prophet«

Gedanken in die Tat umsetzen zu dürfen, handeln zu dürfen, arbeiten zu dürfen, erweist sich so als ein Segen. Auch wenn jede Ebene seine eigenen Gesetze hat, können wir dort, wo wir handeln dürfen, so viele Dinge auf allen Ebenen erlösen – wie wir gelernt hatten: »Was hier (durch unsere Taten) gebunden ist, bleibt gebunden. Was hier erlöst ist, ist erlöst.«

Wie kommen wir an die richtigen Gedanken?

Viele fragen sich: »Ja, wie komme ich denn jetzt an die richtigen Gedanken?« Oftmals sind Gebet oder Meditation der Schlüssel, an die richtigen Gedanken zu kommen; was auf der höchsten Ebene hilft, kann auch auf der niedersten eine Hilfe sein. Wenn wir um Führung und die richtigen Gedanken bitten und ein strebsames Leben führen, erhalten wir Impulse, die uns helfen, unser Leben zu gestalten. Und wir erhalten Impulse, die uns helfen zu heilen. Die »richtigen« Gedanken sind nicht immer »die positivsten« – was nützt es, wenn wir uns einreden, wir seien Millionär, das Leben uns aber gerade auffordert, unseren Sozialhilfeantrag abzugeben.

Impulse in Taten umlenken

Ich habe mir zur Gewohnheit gemacht, wann immer es geht, ein Problem genau dann zu erledigen, wenn es sich mir stellt. In dem Fall nehmen wir die Energie, die uns entgegengebracht wird, wie ein Stück Papier und verbrennen sie im Ofen unserer Tätigkeit, wandeln sie um. Ist der Impuls verpufft, ohne dass wir gehandelt haben, kann es einige Zeit brauchen, bis wir wieder die Energie bekommen, etwas zu tun. Jeder eindeutige Handlungsimpuls ist Energie für uns, die wir fast immer sofort positiv umsetzen können, weil ganz klar ist, was das Leben von uns erwartet.

Dort aber, wo Entscheidungen oder besondere Umstände notwendig sind, damit wir handeln können, sollten wir diese abwarten, bis der Zeitpunkt zum Handeln reif ist, dann aber unverzüglich zur Tat schreiten.

Warum ist Handeln so wichtig?

Wissen alleine bewirkt in der Regel leider noch gar nichts. Die Tatsache, dass wir wissen, was zu tun ist, ist noch nicht die Hilfe für unser Leben. Erst wenn die Tat vollzogen wird, wenn gehandelt wird, entsteht das Ergebnis. Das Wort Handeln hängt mit der »HAND« zusammen und wir wissen, dass die Hand heilen kann. Die Hand der Mutter heilt den Säugling von den Schmerzen, wenn sie ihn liebevoll berührt, die Hand des Arztes oder des Geistheilers heilt und auch die Hand des Straßenarbeiters heilt, wenn auch in einem anderen Sinne, vielleicht pflastert sie eine aufgerissene Straße wieder zu.

Handeln beschreibt eine Tätigkeit: Es ist die elektromagnetische Umsetzung eines Gedankenimpulses in einen Tatimpuls, das Aktivieren einer bestimmten Schaltstelle im Gehirn, um Ordnung in unser Leben zu bringen, wann immer es für uns opportun ist, und das ist meistens.

Oft ist es das Einfachste, den Impuls der Erkenntnis »Aha, das ist zu tun« sofort in die Tat umzusetzen. Oft ist dies der leichteste Weg, denn durch jede Erkenntnis werden Energie und eine gewisse Impulskraft frei und die können wir nutzen, um gleich in die Handlung zu gehen, in dem Sinne, dass Gedanken und Tat sofort eins werden. Oft ist das der leichteste Weg.

Viele Menschen können sich nicht (zu sich) selbst helfen, weil sie im Handeln keine Konsequenz zeigen. Denken und Handeln sind bei ihnen getrennt. Das sind Menschen, die wohl brillante Träumer und Fantasten sind, vielleicht sogar hervorragend denken und sogar positiv, aber die Überführung der Gedanken in die Tat erscheint ihnen ein Ding der Unmöglichkeit. Es ist, als fehle ihnen jenes Modul, das Gedanken in Handeln übersetzt, als müsse jene »Übersetzung« bei ihnen erst noch trainiert werden wie ein verkümmerter Muskel im Gehirn. Statt aus dem Selbst heraus zu handeln, lassen sie das Wetter, die Menschen, die Umwelt, die Nachbarn, die Emotionen oder sonst wen bestimmen, wie sie handeln oder nicht handeln sollen. Handeln bedeutet auch, sich dem Unangenehmen zu stellen, unangenehme Konsequenzen anzunehmen, das, was wir als richtig erkannt haben, auch zu tun.

Tun durch Nicht-Tun

Neben jenen, die sich weigern zu handeln, gibt es auch jene, die wie besessen handeln und doch nie in den Genuss ihres Handelns kommen. Das sind Menschen, die müssten nur einmal stille halten und auf ihre ganze Hektik und ihr ganzes Getue verzichten, dann könnte sie endlich der Segen und die Hilfe für ihre guten Taten erreichen. Sie sind wie Menschen, die verzweifelt gegen eine Türe drücken und dabei übersehen, dass die Türe NACH INNEN aufgeht. Man kann also nicht sagen, dass jemand immer und in jeder Situation handeln soll. So viele Übereifrige haben durch ihr falsches Handeln, das sie nicht unterlassen haben, vieles zerstört.

Das gilt insbesondere auch für jene, bei denen, bewusst oder unbewusst Wut oder Angst Motivationen zum Handeln sind. In dem

Fall ist es besser, erst einmal untätig zu sein. Die richtige Untätigkeit hat, wenn sie nicht als Faulheit, sondern als »Nicht-Tun« verstanden wird, auch einen hohen Stellenwert. Die TAO-isten sagen »Wei Wu Wei – Tun durch Nicht-Tun«. Das bedeutet: Indem wir einmal bewusst innehalten, können wir uns vom »Täter« und all dem Stress, den wir uns selber durch unseren Handlungswahn machen, befreien und darauf achten, dass wir Handlung DURCH uns geschehen lassen. »Wei Wu Wei« ist somit keine Aufforderung zum Faulsein, sondern »den Täter«, d.h. den »Wahn des Ich«, wie es der Weise vom Berge Arunachala, Ramana Maharshi, nennt, loszulassen:

»Wenn du nichts mehr persönlich nimmst,
wo hast du da noch ein Problem?«

Zur rechten Zeit das Richtige tun

Auch der richtige Zeitpunkt zum Handeln ist wichtig. Es gibt Menschen, die handeln immer zur falschen Zeit, sie tun zwar das Richtige, aber der Zeitpunkt ist falsch. Sie rufen ihren Freund immer gerade dann an, wenn er am wenigsten Zeit für sie hat, oder bewerben sich gerade für den Job, der am wenigsten gefragt ist. Sie sind wie ein Wecker, der ständig zur falschen Zeit klingelt, wie eine Kaffeemaschine, die vollautomatisch den Kaffee immer dann kocht, wenn gerade keiner Kaffee braucht. Für solche Menschen ist es gut, mit dem Unterbewusstsein ein gutes Verhältnis zu pflegen und ihm zu sagen: »Liebes Unterbewusstsein, ich muss den Hans anrufen, aber ich spüre, der Zeitpunkt stimmt noch nicht, bitte gib mir einen Impuls, wenn der richtige Zeitpunkt da ist.«

Wir können das Phänomen des Handelns nicht vollkommen erfassen, wenn wir nicht auch die Zeit in das richtige Handeln einbeziehen. Wenn wir uns selbst mit unserem Handeln vergewaltigen und denken, mit stupidem Produzieren von Energie würden wir uns (dem) s(S)elbst immer helfen können, verhalten wir uns wie ein Ertrinkender, der wie wild um sich schlägt und dem deshalb keiner helfen kann und er sich selbst natürlich auch nicht. Hier braucht es also ein In-die-Stille-Gehen und ein Erkennen der richtigen Tat zum richtigen Zeitpunkt.

Für etwas gehen, komme, was da wolle

Manchmal müssen wir Energie produzieren, um weiterzukommen, komme, was da wolle, aber wenn dem so ist, dann spüren wir dies auch und brauchen nur diesem Energiestrom zu folgen.

Eine Geschichte erzählt von zwei Fröschen, die in ein Milchfass gefallen waren. Der eine gab gleich auf und ertrank. Der andere hüpfte permanent auf und nieder. Es reichte nie, um aus dem Milchfass zu springen, aber auf einmal reichte es zur Verblüffung des Frosches doch – er sah sich um und sah: Die Milch in dem Fass war durch sein Bemühen zu Butter geworden, deshalb konnte er aus dem Milchfass entfliehen.

Diese Technik ist anzuraten, wenn man spürt, dass da genug Energie vorhanden ist, um diesen Weg auch durchzuhalten, wenn man aus dem tiefsten Selbst heraus diesen Weg gehen will.

Auch blinde Hühner können Körner finden

Wenn man Niederlagen und Absagen nicht scheut, kann auch das »blinde Draufloshandeln« funktionieren, insbesondere dort, wo nichts anderes hilft:

Ein amerikanischer Großkonzern hatte einmal Staubsaugervertreter auf die Straße geschickt, die völlig unausgebildet waren, zusammengesetzt aus Asozialen, Arbeitslosen und Studenten. Das Einzige, was sie gelernt hatten, war, auf den Klingelknopf zu drücken und zu fragen: »Hä, Sie brauchen nicht etwa einen Staubsauger, oder?« Nun, in fast allen Fällen bekamen unsere Versuchsverkäufer eine Absage, aber: Bei etwa jedem Hundertsten sagte an der Haustüre der potenzielle Kunde: »JA, ich will einen Staubsauger von ihnen kaufen!«

Also auch diese Methode funktioniert, ist aber für viele sensible Naturen zu schmerzhaft. Doch dort, wo unsere Werkzeuge gerade nicht helfen, um Schicksalsschläge mit dem kleinen Finger umzulenken, können wir – wie unsere Staubsaugervertreter – einfach losmarschieren und im Laufe des Weges durch Erfahrung irgendwann einmal fündig werden.

III. DER RICHTIGE EINSATZ DER GEISTIGEN GESETZE

Suchet, so werdet ihr finden

»Suchet, so werdet ihr finden« ist ein geistiges Gesetz. Das bedeutet, dass in dem Augenblick, in dem wir beginnen zu suchen, auch feststeht, dass wir finden werden, wenn wir nur lange genug in der Suche bleiben. Wir werden im Laufe der Zeit feststellen, dass, wenn wir in der Haltung eines Suchers bleiben, alles, was wir tun, alles, was der Tag ER-GIBT, uns dem Ziel unserer Suche näher bringt. Wie das Ziel selber aussieht, kann manchmal eine Überraschung sein, denn wenn wir gute Mitspieler im Lebensspiel werden und sein wollen, dann sollten wir der Schöpfung auch einen Spielraum anbieten, innerhalb dessen sie Erfüllung präsentieren kann. Sonst würden wir nur unseren eigenen Vorstellungen begegnen und das könnte frustrierend sein. Was wäre ein Ostereiersuchen, wenn man die Ostereier, die man sucht, schon kennt?

Wem die Suche ein Herzensanliegen ist, der wird finden. Manchmal ist es gut, wenn sich die Suche ein wenig schwerer gestaltet, für die großen Kinder wird man die Ostereier auch nicht an so leicht zugänglichen Plätzen verstecken wie für die Allerjüngsten, sonst wäre das Suchen ja auch zu schnell zu Ende. Aber finden werden wir immer und oft. Gut, es kann wie gesagt eine Überraschung sein, wie die Lösung sich offenbart, doch wenn wir wahrhaft suchen, wird das Ergebnis unserer Suche immer vollkommen sein, nicht immer im Sinne unseres Ego, solange dieses noch mit Vorstellungen befrachtet ist, aber im Sinne unseres Allerinnersten. Und: Wer sucht, wird alles finden, was er braucht, alle Hilfsmittel für sein

Finden bekommen, alle notwendigen Zwischenergebnisse erhalten, er braucht nur auf die Suche zu gehen und in ihr zu bleiben.

Nun gibt es auch solche, die gar nicht wissen, was sie suchen. Auch dies ist völlig in Ordnung, solange sie nur auf der Suche bleiben. Manchmal regt sich in uns ein Gefühl, das nach einer Erfüllung strebt, und wir gehen diesem nach. Immer ist es so, dass dort, wo etwas in uns beginnt, suchend zu werden, gleichzeitig auch eine uns oft unbewusste Zielvorgabe ist, ein Wissen, dass dort ein Ziel ist, das wir erreichen können. Da wir verschiedene Aspekte in uns tragen, einen Verstand, ein Gemüt, eine Seele, kann der Drang zur Suche aus den verschiedensten Quellen herkommen.

Oft ist es so, dass wir zu Beginn unserer Reise genau wissen, was wir suchen, und wir gehen dem Drang nach dem nach, von dem wir wissen, dass wir es suchen. Schon auf dieser Reise kann es gewisse Überraschungen geben, so manch eine Vorstellung möchte verifiziert werden, immer wieder werden wir auch auf dieser Reise feststellen »Oh, da haben wir uns geirrt«. Immer wieder werden wir »um-denken« müssen, lernen und doch, irgendwo winkt uns ein Ziel, das wir dann in der einen oder anderen Form ansteuern, bewusst oder unbewusst.

Dann, wenn wir weiter fortgeschritten sind, erkennen wir, dass so viele Ziele, die uns scheinbar zugewinkt haben, eigentlich nur Fata Morganas waren, Luftspiegelungen in der Wüste, und wir eigentlich etwas ganz anderes suchen, als wir dachten. Doch oftmals verwirrt uns dies eher, weil wir jetzt auf einmal gar nicht mehr wissen, was wir wollen. Es ist dieser Punkt, wo unser Wille und der Schöpfungswille eine Synthese suchen. Haben wir diesen Punkt erreicht, empfiehlt es sich, diesem Drang zu suchen nachzugeben, aber ohne dass wir uns an ein ganz bestimmtes Ergebnis oder eine ganz bestimmte Form klammern. Das Leben spielt uns möglicherweise dann genau das ein, was wir suchen, ohne dass wir es unbedingt verstehen müssen. Ein Verstehen unserer Suche und unseres Zieles erwächst oftmals erst im Nachhinein. Suchen und finden werden dort eines, wo ich in meinem Suchen in Einklang mit dem Leben bin, mit dem, was es mir anbietet.

Beispiel: Wir suchen nach dem idealen Partner, geben Bekanntschaftsanzeigen auf, meditieren, beten, bitten und nichts geschieht. Eines Tages werden wir von Freunden gebeten, in ein Alterswohnheim einer alten Dame, die wir eigentlich gar nicht ausstehen können, einen Strauß Blumen vorbeizubringen. Eigentlich eher widerwillig, aber dann doch bereitwillig kommen wir dieser Bitte nach und »per Zufall« ist die Cousine/der Vetter der alten Dame da, eine wunderschöne Frau/ein toller Mann, die/der entzückt ist, einen so reizenden Menschen wie uns kennen zu lernen, und mit uns zu flirten beginnt.

Ohne die Haltung eines Suchers hätten wir in uns keine Öffnung für ein Finden, aber ohne Hingabe an das Leben hätte das Leben keine Öffnung für uns. Lernen wir also:

»Alles ist Information, was uns draußen begegnet. Das Leben spricht dauernd zu uns, mal laut, mal leise. Das Leben ist nicht gegen unsere Bedürfnisse, es möchte uns helfen und uns fördern auf seine ureigene Weise. Sich vom Leben fördern lassen, heißt, mit seinem ureigensten Geheimnis vertraut zu sein.«

Beispiel: Wir suchen nach unserem nächsten Schritt und als Antwort auf unser Suchen kommt unerwartet ein Anruf von einer Bekannten, die uns auf ein Sommerfest einlädt. Eigentlich haben wir keine Lust, wir möchten uns lieber die Bettdecke über den Kopf ziehen, aber wir gehen hin. Dort werden wir irgendeinem scheinbar popeligen Typen vorgestellt, der uns eigentlich nicht die Bohne interessiert, doch wir nehmen diese Begegnung an. Aus dem Gespräch ergibt sich, dass dieser Typ ein hochinteressanter Mensch ist und sich mit Musikwissenschaft befasst. Wir unterhalten uns über die Verbindung von Musik und göttlicher Struktur, über Obertonreihen und Oktaven, entscheiden uns, selbst ein Musiker zu werden, und uns offenbaren sich völlig neue Dimensionen. Nachträglich spüren wir, dass unser nächster Schritt ist, Musiker zu werden, und unsere Seele schon immer auf diese Offenbarung gewartet hat, dass aber unsere Vorstellung »Du bist ein Denker, kein Künstler« uns immer daran gehindert hat, unser Talent auf dem Gebiet zu entdecken.

Suchen heißt also, unvoreingenommen zu suchen und Wahrnehmungsorgane zu entwickeln, die nicht vom Verstand konditioniert sind, damit wir auf einer tieferen Ebene herausfinden können, was es »wirklich« ist, das wir suchen. Wann immer wir ein Gefühl von Sehnsucht, von Unbefriedigtsein, von Frust, Unerfülltheit oder auch von Bedürfnis verspüren, sollten wir die Quelle dieses Gefühles aufspüren und uns von ihr zu dem Ozean der Erfüllung tragen lassen, uns Impulse geben lassen, die uns weiterbringen. Ob wir diesen Impuls jetzt als angenehm oder unangenehm empfinden, ist dafür unbedeutend.

In jeder Sucht steckt eine nicht gelebte Suche

»Sucht« und »Suche« sind nicht nur zufällig fast das gleiche Wort. Jede Sucht ist eine verkleidete Suche. Dort, wo wir uns nicht freiwillig auf die Suche machen, dort werden wir nur allzu leicht »süchtig«. An der Sprache der Sucht erkennen wir, wonach wir wirklich »süchtig« sind. Nachfolgend vier Beispiele, typisch für die jeweiligen Elemente unserer Erde, die im Falle der Sucht nicht »besucht« werden.

Die Sucht nach Alkohol

Der Alkoholsüchtige sucht die Befreiung von starkem inneren Druck. Er sucht die Gefäßerweiterung, die sich bei Alkoholkonsum einstellt, statt die Bewusstseinserweiterung anzustreben, die die erstrebte Weite bringen könnte. Statt sich mit Spiritualität zu beschäftigen, verleibt er sich den »Spiritus« in flüssiger Form ein. Statt die harten Konturen des Lebens durch Kontakt mit dem Unterbewusstsein und den feinstofflichen Reichen »jenseits der Nebel von Avalon« ein wenig geschmeidiger zu machen, sucht er lieber den Nebel vor den Augen. Statt das Verbindende in der Tiefe der Seele mit sich und der Welt zu suchen, taumelt er in einer Weinseligkeit oder Bierbrüderlichkeit in symbiotische Akte der Verschmelzung auf niederstem Astralniveau, das mit der wahren Brüderlichkeit – »Wenn zwei oder drei in meinem Namen beisammen sind, werde ich mitten unter ihnen sein« – nichts zu tun hat. Und doch ist der Alkoholkonsum die bestmögliche Lösung, so lange, bis der innere Druck und Drang umgesetzt werden kann, um die wahre Brüderlichkeit, die wahre Spiritualität, die wahre Bewusstseinserweiterung, die im Geiste liegt, zu entdecken.

Die Sucht nach Zigaretten

Der Nikotinsüchtige sucht die Lungen mit dem Feuer der Umwandlung zu füllen. Er hängt immer noch an der Brust, nicht mehr seiner Mutter, aber der Erdmutter. Er ist verletzlich gegen äußere Einflüsse und sucht (=versucht) deshalb, sich einen eigenen »Dunstkreis« zu schaffen. Er sucht Verbündete in Form von Mitrauchern und ist nicht bereit, eine andersartige Welt, eine Welt voller Nichtraucher, in der er sein Ritual nicht ausführen darf, zu akzeptieren. So pafft er jeden, der dies will oder nicht will, mit seinem Dunst voll. Was er eigentlich anzuzünden sucht, ist sein inneres Feuer, die Umwandlung seines Wesens in Höheres durch die inspirierende Kraft seiner Liebe. Doch er nimmt nur heißen Dampf in sich auf, ein Dampfplauderer. Ist der Alkoholsüchtige der Süchtige des Wasserelementes, finden wir hier den Süchtigen des Feuerelementes vor. Dort, wo das innere Feuer brennt, braucht man keinen heißen Dampf.

Sexsucht

Leben ist ein »Sich-Bewegen« inmitten von Polaritäten und Veränderungen, Yin und Yang, ein Geben und Nehmen, ein Austauschen, ein Wechsel von »Mehrung« und »Minderung«. Insoweit besteht die ganze Welt aus, wenn wir es so betrachten wollen, einer Art »Sexualität«, so weit es sich auf eine körperliche Ebene bezieht. »Eros« ist der Name der Weltenseele in der griechischen Mythologie. Sexualität ist für die Körper die normalste Sache der Welt, Körper machen gerne Sex miteinander, sie sind aus Sexualität entstanden.

Dort, wo das Leben in den Wellen des Lebens, dem Auf und Ab nicht erlaubt werden kann, sucht der Mensch die exzessive Energieentladung in blindwütigen Akten der Nymphomanie. Die Sucht nach »Befriedigung« spiegelt ein tiefes Unbefriedigtsein wieder, auch das andere Extrem gibt es, solche, die sich gar nicht dem Spiel der Polarität stellen wollen und in einem Rückfall in die genitale Phase eines Säuglings im Rahmen ihrer Sexsucht eine Kenntnisnahme ihrer Unbefriedigtheit meiden wollen. Jede Form von Fetischismus oder sexueller Eigenart deutet auf ein Thema, das nach einer Suche ruft. Hierbei gilt es aber, keine Wertigkeit im Sinne eines Pharisäertums auszudrücken. Der Weg ist das Ziel und oftmals wird gerade durch das Ausleben ein Erkenntnisprozess erst möglich, der sich später dann allerdings in einer transformierteren und urkonditionierteren Form darstellen kann. Sex ist Sex – nicht mehr und nicht weniger und nichts anderes und hat seine Berechtigung und seinen Platz im Leben eines Menschen, ohne deshalb über- oder untertrieben werden zu müssen. Er kann ein wunderbarer Ausdruck von körperlicher Liebe, Liebe zum Körper, ein Feiern der Körperlichkeit sein, wenn er nicht als Sucht ausgedrückt wird.

Wer sich dem Wechselspiel des Lebens stellen kann, befriedigende Situationen feiern und unbefriedigende Situationen als Motivationsanreiz zur wahren Suche annehmen kann, braucht keine Sexsucht. Für ihn ist Sexualität eine von vielen Ausdrucksmöglichkeiten einer polaren Spannung, mit der er hervorragend leben kann. Der Sexsüchtige ist der Süchtige des Erdelementes.

Fernsehsucht

Hier finden wir den Süchtigen des Luftelementes. Der Mensch, eigentlich aufgefordert, seine Visionen zu entdecken und nicht nur auf das Naheliegende zu schauen, sondern auch auf die am fernen Horizont sichtbaren Träume seiner Seele, schaut sich in einem quadratischen Voyeurismus die Träume und Inhalte anderer Leben an, statt das eigene Leben visionär zu entfalten und auszudrücken. Da ist in Wahrheit keine Gegensätzlichkeit in dem Sinne wie »Ich kann nur entweder auf das Naheliegende achten oder meinen fernen Horizonten nacheilen«. Indem wir diese falsche Überzeugung aufgeben und in den nahe liegenden Dingen den Hinweis auf unsere fernen Visionen entdecken und in unseren Visionen Anhaltspunkte für Umsetzungen, die wir genau jetzt tätigen können, werden wir »Seher« statt »Fernseher«. Wir entwickeln eigene Gedanken, die uns helfen, unser Leben auszudrücken und auch kreativ zu gestalten, wir haben nicht mehr unsere »innere Bildergalerie« voll mit den Gedanken anderer Menschen, die für unser eigenes Leben oftmals unbrauchbar sind (was wollen wir mit »Miami Vice« anfangen, wenn wir nicht Detektiv in Florida, sondern Hausfrau in Ludwigshafen sind?), sondern entwickeln unsere eigenen Gedankensamen. In dem Maße, wie die Vorstellungen und Filme fremder Autoren aus unserem Kopf verschwinden, bekommen wir »Durchblick« zu unserer eigenen Leinwand und Kontakt mit unserem »inneren Regisseur« (siehe dazu das Buch *»Kraftquelle Mentaltraining«* von *Kurt Tepperwein*).

Allerdings: Wenn wir irgendwo ein persönliches Thema haben, das wir aufarbeiten möchten oder Außenanreize brauchen, damit unsere eigenen Visionen stimuliert werden, kann ein bewusster

Gebrauch des »Medizinapparates Fernseher« sinnvoll sein. Es empfiehlt sich allerdings, nach einem entsprechenden Genuss die »Flimmerkiste« auszustellen und im eigenen Geiste zu visionieren, was in uns nach Verwirklichung drängt bzw. nach Heilung, und diesen eigenen Film weiterzuentwickeln.

Beispiel: Im Fernsehen läuft der Film »Psycho«, die Geschichte von einem scheinbar netten Hotelier, der aber in sich schizophren ist und aufgrund eines Muttertraumas nachts Frauen umbringt. Wir spüren, dass wir uns diesen Film anschauen sollen, auch wenn es uns davor gruselt. Während des Filmschauens entdecken wir unser eigenes Muttertrauma und arbeiten es auf, z.B. indem wir uns nach dem Film unsere eigene Mutterbeziehung anschauen und um Heilung und Verstehen bitten.

Beispiel: Wir fühlen uns magisch angezogen von der Fernsehserie »Baywatch«. Wir gehen diesem Drang nach und während wir bewusst konsumieren, entdecken wir, dass wir seit Jahren nicht mehr am Meer waren, wir Sehnsucht nach einer Liebesaffäre und nach schönen Menschen haben. Wir schauen den Film zu Ende an und machen anschließend einen Plan, wie wir nach Venedig oder an die italienische Adria kommen und dort an diesem Flair von Schönheit und Liebesaffären teilnehmen können. Wir entdecken einen Busunternehmer, der Tagestouren organisiert, und mit einem kleinen Hundertmarkschein haben wir uns einen uralten Traum erfüllt (und müssen nie mehr »Baywatch« schauen).

Wer du bist, hängt davon ab, wo du bist

Für diejenigen, die behaupten, sie könnten nicht aus ihrer Haut, darf ich ein kleines Geheimnis verraten. Jenes lautet: »Wer du bist, hängt davon ab, wo du bist!«

Nun, das ist nicht zwanghaft so, dieses Gesetz ist erst einmal nur auf der äußeren Ebene wirksam, dort aber hat es eine Bedeutung, die zu verstehen uns helfen kann. Es bietet eine Möglichkeit, sich selbst neu zu entdecken. Wenn wir es erlauben, erleben wir durch den bewussten Wechsel des Ortes andere Persönlichkeitsfacetten, die aus uns aufsteigen, wir entdecken und erleben eine andere »Resonanz«. »Wer du bist, hängt davon ab, wo du bist!«, diese Maxime kann dir helfen. Es gilt natürlich auch das Umgekehrte, dass nichts dich wirklich verändern kann, dein wahres Selbst, aber gerade um sich selbst zu helfen, ist es manchmal ganz interessant, jene Maxime einmal auszuprobieren, vielleicht steckt ja auch in uns ein kleiner oder großer »Hauptmann von Köpenick« oder unerkannter »Casanova« bzw. eine unerkannte »Femme fatale«?

Beispiel: Du bist auf eine Party eingeladen. Du fühlst dich als Partymuffel, hast eigentlich gar keine Lust. Du gehst trotzdem hin und nach ein, zwei Stunden fühlst du dich total dabei und fragst dich: »Wie konnte ich nur annehmen, dass mir die Party keinen Spaß macht!« Das »Sich-wohl-Fühlen« kam durch dein »Sich-Einstimmen« auf den Ort, auf den Gruppengeist, der Ort hat insoweit deine Identität verändert, als er deine Laune positiv verändert hat, und sich so zu helfen, ist legitim.

Beispiel: Du bist zusammen mit deinem Freund, dem Generaldirektor eines Konzerns, zu einer offiziellen Firmenveranstaltung eingeladen, vielleicht wurdest du sogar gebeten, dort eine kleine Rede zu halten. Du selbst bist aber eher ein Freak und glaubst, mit diesen Leuten überhaupt nicht klarkommen zu können. Du kaufst dir trotzdem angemessene Kleidung (Anzug, Krawatte etc.), begibst dich in diesen Raum und auf einmal gefällt es dir wunderbar. Dein Vortrag wird nicht kritisch beurteilt, sondern aufgrund seiner Originalität von allen gelobt.

Manchmal brauchen wir nur unseren Allerwertesten in irgendeinen Raum zu bewegen, um Befreiung, Veränderung, manchmal auch Erlösung zu erfahren. Wenn wir möchten, können wir uns einmal fragen, welche Räume für uns anziehend wären, und einen Weg finden, wie wir unseren Körper in diese Räume bringen können. So viele unerfüllte Träume können sich in Erfüllung auflösen, wenn wir nur den Mut haben, einmal in andere Räume zu gehen, in dem Wissen, dass nichts uns wirklich beängstigen oder schaden kann, wenn wir uns frei machen von hinderlichen Werturteilen und Vorstellungen.

Wenn wir es aufgeben, uns besonders darstellen oder manipulieren zu müssen, wenn wir vorurteilsfrei in fremde Räume gehen und jene akzeptieren können, erleben wir, dass das SELBST von selbst dafür sorgt, dass wir uns nach einer gewissen Zeit in diesen fremden Räumen wohl fühlen und mit den Spielregeln des Ortes zu schwingen beginnen. So gehen wir in eine Kirche zum Beten, in ein Bordell, um das Verruchte zu erleben, an einen Strand, um die Seele baumeln zu lassen, in einen Börsensaal, um die Gesetze der freien Marktwirtschaft zu verstehen. Natürlich haben wir andere Motive, wenn wir an den Strand von »Ballermann zwölf« nach Mallorca fahren, als wenn wir die Höhen Tibets besuchen, und all jene Orte sind »in Ordnung«, sonst gäbe es sie nicht auf Gottes gnadenvoller Erde, und können uns mit anderen Persönlichkeitsfacetten in Verbindung bringen. Vielleicht entwickeln wir uns im Laufe der Zeit zu einem souveränen Regenbogenmenschen, der in der Multidimensionalität seines Seins baden kann, ohne seinen wahren Willen dabei zu vergessen?

Tu, was du willst

Dieses Gesetz bedeutet nicht, dass man tun soll, wozu man Lust hat, sondern, dass man seinen wahren Willen erkennen und leben soll.

Den eigenen wahren Willen zu erkennen, ist Hauptaufgabe unserer Suche.

Jedes Ziel unserer gegenwärtigen Suche ist ein Zwischenziel für eine größere Suche. Selbst hinter so manchem scheinbar chaotischen Leben verbergen sich eine geheimnisvolle Suche und ein verborgener göttlicher Wille des Erkennens und des Lebens. Im Laufe der Zeit wachsen unsere Weisheit und Einsicht.

Nicht immer ist das scheinbar »Höchste« auch das Beste für uns. Zu hohe Wahrheiten können oftmals eher Verwirrung auslösen, als dass sie eine Hilfe wären. Wer zu hoch hinaus will, ist wie Ikaros – wenn er der Sonne zu nahe kommt, gerät er in Gefahr abzustürzen. So geht es in unserem Leben gar nicht darum, dass das Ziel unserer Suche in den Augen der Öffentlichkeit möglichst »heilig« ist, es sollte für uns und unsere Lebenssituation passen und es sollte uns helfen, unseren »wahren Willen« zu erkennen und zu entfalten.

Der heilige Gral ist das Ziel aller wahren Suchenden

So ist jede Suche letztendlich, ob wir uns dessen bewusst sind oder nicht, die Reise unseres inneren Pilgers nach dem verborgenen Gral des »wahren Willens«, der zugleich der göttliche Wille ist, der durch uns wirken will.

Im Laufe unseres Suchens und Findens erfahren wir mehr und mehr, was wir nicht wollen, was ein konditionierter oder noch unentwickelter Wille war. So wird immer mehr Energie frei für unsere wahre Verwirklichung. Doch auch wenn wir nach jahrelangem Suchen und Anklopfen immer noch nicht wissen, was wir wollen, sind wir auf einem guten Weg, denn unser Selbst weiß oftmals viel besser als unser Oberflächenbewusstsein, wo es wirklich langgeht.

Vergleichen wir unsere Suche mit der Reise zu dem Berg unserer erfüllten Sehnsucht, in Tibet wird dieser Berg »Kailash« genannt, dann brauchen wir oftmals Geduld mit uns selbst. Das Ewige in uns gibt seine Geheimnisse nicht dem Ungeduldigen preis. Finden können wir erst dort, wo wir wirklich ein Sucher geworden sind.

Um diese Haltung zu entwickeln, überfliegen die Tibeter den Kailash nicht mit einem Flugzeug, um sagen zu können »Ich bin dort gewesen«, sie lassen sich auch nicht mit der Kutsche fahren, noch gehen sie zu Fuß – sie umrunden den Kailash auf allen Vieren. Wenn wir das Ziel unserer Suche auf allen Vieren umrunden können, dann haben wir genug Ausdauer und Geduld, um auch ein Finder zu werden. So entwickeln wir durch endlose Beharrlichkeit, Suchen und Finden, Versuch und Irrtum, Erkenntnis und Neubeginn den Nährboden, um das zu empfangen, was der eigentliche Sinn unserer Suche ist, wir stehen dann, wie vielleicht der demütige »Ali Baba« vor der Schatzhöhle unseres Bewusstseins und bräuchten eigentlich nur noch das Zauberwort zu sprechen, das die verborgene Türe zu der Schatzkammer des Unbewussten freigibt.

Klopfet an, so wird euch aufgetan

»Klopfet an und euch wird aufgetan« bedeutet, dass manchmal eine Türe verschlossen scheint, aber eigentlich ist diese Türe für uns bestimmt, und dass wir hindurchgehen. Den Unterschied zwischen einer Tür und einer Wand kann man oft nur erkennen, wenn man anklopft – eine Türe öffnet sich.

Damit sich eine Türe öffnen kann, müssen wir anklopfen. Es ist nicht hilfreich, vor der Türe sitzen zu bleiben und stundenlang zu philosophieren, was hinter der Türe liegen könnte. Allerdings kann es hilfreich sein, einmal zu schauen, was auf der Türe draufsteht, vor der wir gerade stehen, und dann erst zu entscheiden, ob wir anklopfen wollen. Die Aufschrift auf der Türe sollte stimmen, was dahinter liegt, sollten wir dann unabhängig davon, ob es unseren Vorstellungen entspricht, in Liebe und Dankbarkeit quittieren und als Erkenntnis- und Erfahrungsbaustein ehren – es gibt keine »ungöttlichen« Erfahrungen. Auf einer Türe, die wir öffnen wollen, könnte stehen:

- Die wirkliche Erfüllung meiner Sehnsucht
- Der Weg zu meinem Traumpartner
- Mein Weg zu meinem ureigenen Lebenserfolg
- Das Erkennen des eigenen Willens

Der Raum der Türen

Im Rahmen eines Mentaltrainings können wir uns auch vorstellen, dass wir vor so einer Türe stehen und anklopfen:

- Wer öffnet uns?
- Wie ist diese Person gekleidet?
- Wie sieht der Raum hinter der Türe aus?
- Was gibt es Erschreckendes, was gibt es Beglückendes?
- Will ich mich mit dieser Realität konfrontieren und mit ihr eins werden?

Wenn wir mit dieser Realität, die wir gesehen haben, eins werden wollen, könnten wir uns vorstellen, dass wir den gesamten Raum, in dem wir uns jetzt befinden, einatmen, bis der ganze Raum in uns ist. Dann stellen wir uns vor, alle Zellen nehmen diese Information auf, assimilieren sie und richten sich auf entsprechende Erfahrungswerte in der Außenwelt aus.

Geführte Meditation »Der Raum der Türen«

»Ich mache es mir nun einmal ganz bequem. Ich ruhe in der Mitte meines wahren Wesens und sinke in mich hinein. Ich sinke tiefer und tiefer in meine lichte Innenwelt. Tief in mir mache ich mir einmal ein Thema bewusst, das besonders interessant oder wichtig für meine gegenwärtige Lebenssituation ist. Ich erkenne dieses Thema jetzt und gebe ihm einen Namen. Nun sehe ich vor meinem geistigen Auge einen Raum voller Türen. Viele, viele Türen. Alle diese Türen haben mit meinem Thema zu tun. Ich will nun eine Wahl treffen. Was suche ich wirklich? Ich gebe dem, was ich suche, einen Namen. Ich erkenne, was ich suche. Nun sehe ich mit meinem geistigen Auge eine Türe, die mir besonders auffällt. Sie zieht mich magisch an. Ich kann auch schon sehen, ob sie bereits geöffnet ist oder ob sie verschlossen ist. Ich sehe die Beschaffenheit der Türe. Vielleicht gibt es alte Bilder aus meiner Vergangenheit, die auftauchen. Ich kehre sie mit einem Besen ab, der vor der Türe hängt. So gereinigt, klopfe ich an. An welcher Stelle klopfe ich an – an der Türe, am Rahmen oder gibt es einen Türklopfer oder eine Klingel? Jemand erscheint am Eingang und ich kann diese Person deutlich wahrnehmen. Ich nehme jedes Detail dieser Person wahr, mit allen Sinnen. Diese Person fragt mich nach meinem Begehren und ich teile ihr mit, was ich suche. Die Person führt mich in den Raum hinter der Türe. Was ich in diesem Raum erlebe, berührt unmittelbar die Erfüllung meiner Sehnsucht und Suche. Ich bin bereit, die Erfüllung anzunehmen, und begebe mich in diesen Raum. Ich nehme den Raum mit allen Sinnen wahr. Wenn ich mit dem Inhalt meiner Suche einverstanden bin, atme ich die Energie des Raumes ein. Mit jedem Einatmen nehme ich ein wenig von der Qualität dieses Raumes in mich auf, mit jedem Ausatmen gebe ich ein wenig von der alten, verbrauchten Energie ab, die der Erfüllung meiner Suche bisher entgegenstand. Ich nehme zehn bewusste Atemzüge und spüre, wie die Energie des Raumes in mir ist. Mit einem elften Atemzug presse ich die Energie des Raumes in mir jetzt in alle Zellen, und zwar diesmal mit dem Ausatmen. Mit einem zwölften Atemzug erlebe ich, wie ich selbst völlig klar und rein werde, frei von irgendwelchen Vorstellungen und Bildern, und zwar mit dem Ein- und Ausatmen, ich spüre, wie ich mit der Energie dieses Raumes atmen, am Leben teilnehmen kann. Mit einem dreizehnten Atemzug sehe ich mich selbst in weißes, reines Licht getaucht, erkenne mich selbst als reines Bewusstsein und mein Selbst als Zentrum, als Mitte meines Wesens. Ich habe eines meiner Hauptthemen ge- und erlöst und kann jetzt der Zeit erlauben, das Ergebnis in der Außenwelt in heiler Form zu präsentieren, indem ich schlicht und einfach »ich selbst« bin und aus der Mitte meines Wesens lebe. Ganz langsam öffne ich die Augen und kehre wieder zurück an die Oberfläche des Bewusstseins, zurück ins Hier und Jetzt, während ich dem Erkenntnis- und Transformationsprozess in mir weiter Raum und Liebe gebe.«

Die Türen zur inneren Schatzkammer gehen nach innen auf. Nur wer bereit ist, das Königreich seines Inneren zu ehren, kann die verborgenen Schätze entdecken, die sein geistiges Erbe für sein Wirken auf Erden sind.

Das Zauberwort kennen

Entscheidende Türen öffnen sich wie im Märchen von Ali Baba oft nur auf ein »Zauberwort« hin. Das Zauberwort kann eine entsprechende Haltung sein, ein entsprechender »Ausdruck«. In der östlichen Tradition hat so ein Zauberwort den Namen »Mantra«. Ein »Mantra« ist ein heiliges Wort, das uns mit anderen Dimensionen verbinden kann, höheren Ebenen. Letztendlich soll es aber die Schatzkammer unseres Innersten erschließen helfen. Traditionell wird das heilige Wort nur vom Guru an seinen Schüler weitergegeben. Mutter Mirra Alfassa, die Lebensgefährtin von Sri Aurobindo sagt über das Mantra (aus *»Mutters Agenda«*, 10.7.63, Band 1963, Verlag Institut für Evolutionsforschung):

»Ich sage, dass das Mantra aus dem Inneren hervorquellen muss. Sucher, die noch keine Kraft haben, können es nicht finden. In so einem Fall überträgt der Guru seine Kraft über das Mantra. Was bewirkt eigentlich der Guru? Er fügt zusammen, er schafft lediglich eine Verbindung. Er bringt euch in Verbindung mit der Kraft über das Mantra. Es ist nicht etwas, das er in seiner Tasche hat, nein, er hat lediglich die Macht, den Kontakt herzustellen.«

So kann es sein, dass wir über einen spirituellen Lehrer, eine Glaubensgemeinschaft, einen Orden oder eine Technik erst einmal ein Zauberwort, einen Zauberschlüssel vermittelt bekommen und jener dann wieder verschwindet. Das liegt daran, dass jener Schlüssel nicht unser ureigener war. Der Schlüssel wurde uns nur gegeben, damit wir lernen, dass es ÜBERHAUPT so etwas gibt. Indem er uns wieder genommen wird, erhalten wir die Motivation, jetzt selbst und oftmals ohne Lehrer und ohne Lehre zu suchen. Oftmals müssen wir lange suchen und häufig anklopfen, bis wir den richtigen Namen für die Öffnung unserer eigenen inneren Schatzkammer, des Königreichs des Inneren, des »Inner Sky«, finden und der Seelenvogel in uns befreit aus der Fülle trinken und sich aufschwingen kann:

»Eine Stimme kann nicht die Zunge und die Lippen mit sich tragen, die ihr Flügel gaben. Allein muss sie in den Äther hinaus. Allein und ohne sein Nest muss der Adler zur Sonne fliegen.«

Khalil Gibran, »Der Prophet«

Bittet, so wird euch gegeben

Bitten können wir nur gegenüber dem Leben und dies tun wir, indem wir mit dem Pfeil des seelenerfüllten Gedankens nach innen ziehen zu dem Bogen des Gottes in uns und ihn loslassen auf das Leben, das unser ewiger Verbündeter ist. Diesen Vorgang nennt man auch beten oder »wahres Bitten«.

Haben wir überhaupt ein Recht zu bitten? Na klar, denn wir sind nicht nur Werkzeuge einer höheren Kraft, wir sind auch Berger von schöpferischem Potenzial, das durch uns sinnvoll zutage gebracht werden möchte.

»Bittet und euch wird gegeben« ist ein Potenzial, das wir mitbekommen, um uns selbst zu helfen. Bitten bzw. richtiges Beten verändert immer die Wirklichkeit. Die Veränderung beginnt mit einer Veränderung des Bewusstseins und endet mit einer veränderten Wahrnehmung der Welt, einer Welt, in der alles schon da ist. Gut ist es, zu zweit zu beten, weil dann die Gedanken verstärkt werden. Und: Es ist dem Gott in uns egal, worum wir bitten, es liegt in unserer Verantwortung, den Pfeil so abzuschießen, dass er ins Ziel trifft.

Zum richtigen Beten gehört also:

- Zielklarheit
  Worum bete ich eigentlich?

- Offenheit
  Was ist in meinem Herzen, was ausgedrückt werden möchte?
- Freiheit von Dogmen, Vorstellungen, Scheuklappen und einschränkenden Überzeugungen
  Was wäre ein Leben, das der Erfüllung entspräche?

Gebet ist Erfüllung

Jedes Gebet, ohne Ausnahme, trägt die Erfüllung bereits in sich. Die Erfüllung kann eine Veränderung der inneren Einstellung, eine Heilung, aber auch eine Veränderung der äußeren Umstände sein, je nachdem, ob wir uns mehr auf die Innen- oder die Außenwelt konzentrieren. In Wahrheit hört unser Einflussbereich nicht dort auf, wo die Haut des Körpers endet. Erfüllung ist also nicht immer »nur innen« (d.h. im Reich der inneren Wahrnehmung), noch ist sie »nur außen« (in der Widerspiegelung, die unsere Sinne uns geben). Wenn wir begreifen, dass Innenwelt und Außenwelt wie zwei zueinander gekehrte Spiegel sind, ohne dass der eine wertvoller ist als der andere, dann traut sich der, der immer nur äußeres Heil suchte, auch um Seelenfrieden und die richtige Einstellung zu bitten, und der, der immer nur die Innenwelt heilen will, auch einmal im Außen seine Erfüllung zu leben, statt sich immer nur auf die Innenwelt zurechtzustutzen wie einen Blumenstock, der nicht über seinen Blumentopf herauswachsen darf.

Wenn wir wirklich beten, haben wir im gleichen Moment bereits Erfüllung empfangen. Ein Gebet heißt, sein Innerstes vor Gott auszubreiten, zu sagen: »Siehe her, so ist es und das brauche ich zur Erfüllung« und sich zu bedanken, dass wir es in dem Moment bekommen haben. Der Apostel Lukas sagt:

»Bittet, worum ihr wollt, und glaubt, dass ihr empfangen habt, und es wird euch zuteil werden.«

Was bedeutet das? Eine scheinbar sonderbare grammatische Konstruktion ist diese Formulierung. In Wirklichkeit stellt sie aber eine ganz präzise Beschreibung eines geistigen Gesetzes dar. Bitten, d.h. beten wir wirklich, werden wir eins mit dem einen Bewusstsein und in dieser Einheit äußern wir unsere Bitte. Dann geschieht Erfüllung sofort. Diese Erfüllung ist allerdings erst einmal jenseits der Zeit, denn im Gebet sind wir jenseits von Zeit und Raum. Es kann sein, dass es in der linearen Zeit ein wenig dauert, bis sie in Erscheinung tritt. Je nachdem, wie viele Hindernisse wir uns noch selbst in den Weg geräumt haben, aber sie wird in Erscheinung treten. In dem Moment, wo wir gebetet/gebeten haben, haben wir geistig Erfüllung empfangen. Es ist wie beim Bauern, der gesät hat. Jetzt braucht es nur noch zu wachsen. Es braucht nur noch in Erscheinung zu treten. Gut, das kann einige Zeit dauern, aber der Bauer braucht nichts weiter zu tun, ja er sollte auch nichts Weiteres tun. Er sollte weder den Samen ausgraben, um zu sehen, ob schon etwas gewachsen ist, noch sollte er an den Blättern und Stängeln ziehen, damit es schneller wächst. Er sollte eigentlich nur noch sein eingesätes Saatgut pflegen, guten Boden und Wasser hinzufügen und Mutter Erde danken, dass sie alles hervorbringt.

Die Natur bringt hervor, was wir gesät haben, um was wir gebetet haben. Das ist wahres Beten: Einswerden mit dem einen Bewusstsein, seine Situation schildern und danken, dass es geschehen ist.

Über den Umgang mit »negativen« Wünschen

Es gibt auch Menschen, die scheuen sich, zu säen oder zu ihrer Saat zu stehen. Dies kann verschiedene Gründe haben. Ein Grund kann sein, dass diese Menschen sich selbst nicht akzeptieren und daher auch nicht ihre Schöpfungen. Das kann zum Beispiel sein, wenn die Gedanken und Wünsche konditioniert, entstellt, pervertiert oder irritiert wurden durch erzieherische, genetische oder sonst wie falsch gelernte Einflüsse. Hier gilt es, Zielformulierungen zu finden, die erst einmal Erkenntnisse über den verborgenen wahren Willen freilegen, um dann erst konkret in die materielle Verwirklichung zu gehen.

Beispiel: Jemand verspürt in sich den Wunsch, die ganze Welt in Schutt und Asche zu legen und will aus diesem Grund ein mächtiger Tyrann werden. Gleichzeitig verurteilt er diesen Wunsch, weil er ihn mit seinem Gewissen nicht verantworten kann. Für diese Person gibt es grundsätzlich zwei Möglichkeiten: Entweder er überlässt sich seinem inneren Tyrannen und lebt ihn, auch solche werden offenbar leider noch als abschreckendes Beispiel gebraucht. Oder er findet die richtige Form des Gebetes, die seinen Wunsch auf eine erlöstere Form bringen kann, wie z.B.: »Liebe eine Kraft, da ist dieser Wunsch und ich kann ihn nicht verstehen. Er birgt eine gewaltige Kraft, jedoch zugleich eine destruktive emotionale Ladung. Ich möchte ihn heilen. Ich weiß aber, dass, wenn ich einfach nur so tue, als wäre er nicht da, ich ein scheinheiliges Leben führen würde. Ich habe es offenbar gewählt, diesen Punkt zu erlösen. Ich bitte um eine Erfahrung, die mir hilft, dieses Thema in einen Prozess zu bringen, auf dass diese Form der Kraft, die ich bin und sein möchte, eine Entwicklung nehmen kann, die meinem Seelenplan, meiner Erfüllung und letztendlich auch einem Leben von dem, was ich sein kann und sein soll, in einer erlösteren Form, als ich es mir bisher vorstellen kann, entspricht.«

Es kann dann sein, dass als Folge seines Gebetes bei diesem Menschen eine Partnerschaft auseinander bricht, die nicht mehr lebendig war, unser Freund einen Wutanfall nach dem anderen bekommt, tatsächlich sich bei den »roten Brigaden« anmelden will, die Welt in Schutt und Asche legen will und im Laufe eines Erlösungsprozesses entdeckt, dass all seine aufgestaute Wut daher kommt, dass er nie den Raum bekam, um wirklich frei und wirklich sein Leben zu leben, dass seine ureigenen Wünsche ein Leben lang unterdrückt und konditioniert wurden und dieser Wunsch, alles in Schutt und Asche zu legen, eigentlich nur eine Reaktion auf die Frustrationen der Vergangenheit waren. Aus dieser Erkenntnis heraus sendet unser Freund dann vielleicht andere Signale ins Leben – auf einmal tauchen all die unerfüllten Wünsche auf, die hinter dem einen negativen Wunsch versteckt waren und jetzt braucht er nur noch um die Erfüllung seiner »richtigen« Wünsche zu bitten. Erkennen wir:

Es gibt keine schlechten Wünsche, nur passende und unangebrachte. Indem wir Leben als selbsterfüllendes Spiel erkennen, werden unsere Wünsche immer angebrachter und wir erlösen uns in das Leben hinein, das wir sind.

Kosmos heißt Ordnung

Wir leben in einer Welt, die wir Kosmos nennen. Wir entdecken diese Ordnung im Kreislauf der Sterne und Planeten im Weltall und der Elektronen um den Atomkern, im Größten wie im Kleinsten. Auf der anderen Seite sagen die Griechen, dass die Welt aus dem Chaos geboren sei. Welche der beiden Betrachtungsweisen ist jetzt richtig?

Vielleicht können wir es so sehen, dass es das Chaos als Urgrund gegeben hat und immer gibt, dass aber nur die Ordnung in der Zeit

Bestand hat. Innerhalb dieser Ordnung gibt es verschiedene Navigationssysteme, sie sind wie Straßen oder Flussläufe. Aber ein Wasser, das glaubt, außerhalb dieser Ströme existieren zu können, versiegt und verschwindet. Das Eingebettetsein in das, was wir Ordnung nennen, ist zugleich ein Grundbestreben des Menschen. Diese Ordnung, die wir zu erkennen suchen, existiert offenbar auch im Urwald, aber der Tiger und der Löwe kennen sie nicht und können sie nicht einsetzen, sie sind gezwungen zu jagen und zu morden, um zu überleben. Wir als Menschen sind in der Lage, uns auf Ordnungssysteme einzuschwingen. Diese gibt es seit alters her. Wir finden sie in der Astrologie und im I-Ging, aber auch in der Vogelflug-Schau* und den heiligen Schriften. Heraklit sagt, die verborgene Ordnung sei größer als die offensichtliche. Menschen, die diese Ordnung schauen können, nennt man seit alters her »Seher«.

Leben lehrt den Menschen über diese Ordnung. Das Eingebettetsein in diese Ordnung ist ein individueller Einstimmungsprozess und auch wenn es größere Ordnungssysteme gibt, sollte der Mensch seinen ureigenen Platz in unserem gesellschaftlichen System erst einmal bewusst finden und einnehmen, um eines Tages darüber hinausgehen zu können.

Ist jedes Schicksal selbst verursacht?

Wird das Eingebettetsein in die kosmische Ordnung gestört, tritt diese Disharmonie als Krankheit oder Leid in Erscheinung. Man könnte jetzt sagen, Krankheit oder Leid, Schicksalsschläge, Glück oder Pech seien alle von uns selbst verursacht und es gibt esoterische Lehren, die dem zustimmen. Auf der anderen Seite kann es

* Es galt früher als heilige Kunst, aus der Schau des Vogelfluges Vorhersagen über die Zukunft abzuleiten.

sein, dass jemand scheinbar in Disharmonie lebt, scheinbar gegen den Strom schwimmt oder scheinbar vom Leben gestraft wird, wo andere Gründe dahinter stehen. Denken wir an die Geschichte des heiligen Hiob, für den all die Schicksalsschläge Prüfungen waren. Jetzt könnte man natürlich auch hier sagen, dass Hiob diese Schicksalsschläge selbst verursacht hat, zum Beispiel, um seine innere Stärke und Gottverbundenheit herauszuarbeiten, dies wird aber keine bewusste Entscheidung gewesen sein, eher eine ihm unbewusste Entscheidung der Seele. Bei einem Erwachten wie Jesus im Garten Gethsemane kann man schon davon ausgehen, dass ihm die Folgen dieser Entscheidung in allem Umfang bewusst waren.

Es erscheint sinnvoll, für das eigene Schicksal die Verantwortung zu übernehmen, aber sinnlos, mit erhobenem Zeigefinger auf all jene zu schauen, die gerade »mühselig und beladen« sind. Der barmherzige Samariter wäscht anderen die Füße und nicht den Kopf. Es kann viele Gründe für ein Leben geben, das nicht Glück und Harmonie entspricht, aber letztendlich streben alle danach und nach einer Absolvierung von Unstimmigkeiten ist es eine große Hilfe zu wissen, dass es der Kosmos gut mit uns meint und uns einlädt, an der großen Ordnung teilzunehmen. Falsch wäre es zu glauben, dass, wenn man sich einbringt in eine große Ordnung, man dadurch an Wert oder seinen freien Willen verlieren würde. Die Idee, frei zu sein von einer großen Ordnung, ist eine Illusion, wie Khalil Gibran in seinem Meisterwerk »Der Prophet« so schön ausführt:

»Am Stadttor und an eurem Herd habe ich euch unterwürfig und in Anbetung eurer Freiheit gesehen, wie Sklaven sich vor einem Tyrannen erniedrigen und ihn preisen, obwohl er sie tötet.«

Die Fähigkeit, Schönes und Hässliches gleichermaßen lieben zu können, gibt uns den Spielraum zu wählen

Es ist uns zwar gesagt worden, wir sollten uns vor den »Gezeichneten« hüten, doch auch sie sind ein Ausdruck der Fülle. So manch ein Behinderter macht in seinem Rollstuhl vielleicht die größte seelische Entwicklung seiner gesamten Inkarnationskette, weil er total »er selbst« sein kann, und so manch ein Behindertenpfleger macht ebenfalls den gleichen Evolutionssprung, weil er bedingungslose Liebe und Annehmen lernt. Wenn wir das Schöne wie das Hässliche, die offensichtliche Ordnung wie das offensichtliche Chaos, zu lieben gelernt haben, sind wir »ganz Welt geworden«. Vielleicht ist das dann der Zustand der freien Wahl, die aber nicht wertet, so wie man im Supermarktregal Spinat wählt, ohne deshalb den nicht gewählten Grünkohl zu hassen.

So glaube ich, dass es für den Schönen wie für den, der sich als weniger schön empfindet, sinnvoll ist zu sagen: »Ja, ich habe das offenbar kreiert und ich werde es segnen und liebkosen, was immer es sei, wie meinen größten Schatz!« und zugleich zu vermeiden, dem anderen unsere Vorstellungen von Ordnung und Vollkommenheit um die Ohren zu hauen. – Wie sagt Khalil Gibran?

»Denn auch die Hinkenden gehen nicht rückwärts!«

Das Gesetz der Fülle

In der Bibel ist die Fülle verheißen. Das bedeutet: Alles, was wir zur Erfüllung unseres Seelenplanes brauchen, ist ständig mit uns, um uns und wirkt durch uns. In allen Bereichen im Wohlstand leben, d.h. so zu leben, dass alles zu unserem Wohle steht, bedeutet aber nicht, dass die äußeren Kriterien, die wir glauben an uns anlegen zu müssen, erfüllt werden. Hier geht es weder um die Erfüllung gesellschaftlicher Schönheitsideale noch um den Aufbau dicker Scheckbücher. Auf einer oberflächlichen Ebene mag dies so sein, wenn wir das unter Fülle verstehen, doch sobald wir Einweihung in die tieferen Geheimnisse der Seele erhalten, verändert sich unsere Identifikation bewusst oder unbewusst. Fülle kann dann auch bedeuten: Fülle an Erfahrungen, Fülle an Herausforderungen, Fülle an Emotionen, Fülle an inneren und äußeren Prozessen. Die Seele ist nämlich – oftmals im Gegensatz zu unserem Ego – an einer ganz anderen Fülle-Qualität interessiert und so manch ein Leben, das äußerlich armselig scheint, ist möglicherweise von einer unglaublichen Fülle gesegnet.

»Der Unterschied zwischen dem Ego und der Seele ist folgender: Das Ego will Erfolg, die Seele will Fortschritt!«
aus Sri Chinmoy »Colour Kingdom«

Das Gesetz der Dankbarkeit

Vielleicht sollten wir uns einmal anschauen, in welchen Bereichen wir bereits jetzt in der Fülle leben, und dafür dankbar sein, denn Dankbarkeit ist oftmals einer der ersten Schritte, um über die jeweilige Lebenssituation hinauszugehen. Alles, wofür wir dankbar sind, muss uns zum Segen werden.

Träume beflügeln unsere Seele

Natürlich sollten wir unsere Träume nie aufgeben, auch dann nicht, wenn unser Seelenschiff einmal ganz andere Inseln ansteuert als die berühmte Paradiesinsel. Träumen sollten wir immer, denn wie sagt die uralte Riesenschildkröte in dem Roman »Die unendliche Geschichte« von Michael Ende: »Das Reich »Phantasien« geht zugrunde, weil die Menschen ihre Träume vergessen haben.«

Der Weg zu wahrem Wohlstand

Lebt man im Wohlstand, dann sind finanzielle Mittel in ausreichendem Maße vorhanden, wenngleich Geld nur ein Aspekt von Wohlstand ist. Wohlstand bedeutet aber auch, dass wir gesund sind, genügend Zeit haben, den richtigen Beruf haben, den richtigen Partner, dass wir uns auch an dem Erfolg anderer freuen können, das alles gehört auch zum Wohlstand.

Es gibt einen Weg, im Wohlstand zu leben, der hört sich wie ein Wortspiel an – indem wir vermögend werden. Nur der lebt wirklich im Wohlstand, der »vermögend« ist. Hiermit meinen wir nicht in erster Linie Geld, Aktien oder Gold. In der Weisheit der Sprache sagt uns das Wort »vermögen«, was es eigentlich damit meint. Vermögend ist nicht einer, der etwas »hat«, so jemand ist nur besitzend. »Vermögend« ist nach der Weisheit der Sprache jemand, der etwas »vermag«. Und wer etwas vermag, wird natürlich besitzen, was er braucht, denn er vermag es, Besitz zu schaffen.

Nicht immer ist dafür umfangreiches Eigentum notwendig. Wer es zum Beispiel liebt, auf einer Yacht an der Cote d'Azur Urlaub zu machen, braucht deshalb keine Yacht kaufen, vielleicht hat der Nachbar eine und indem man täglich seinen Rasen mäht, verursacht man möglicherweise, dass der Nachbar einem diese Yacht ausleiht zu der Zeit, wo er nicht Urlaub machen kann. Zum »Vermögend-Werden« gehört also oft auch eine gesunde Portion Kreativität. Wer einen Inselurlaub machen will, braucht nicht 3.000 Euro auf den Tisch zu legen, es reicht aus, wenn er sich beim Robinson Club als Animateur anheuern lässt oder Karibik-Reisen veranstaltet und zur Betreuung kostenlos mitfliegt, dann hat man sogar noch Geld verdient.

Sind wir vermögend, sind wir automatisch erfolgreich, d.h. reich an dem, was folgt, als Folge dessen, was wir tun. Je weiter wir entwickelt sind, umso mehr wird der Erfolgstrieb sich dann auch zugunsten des großen Ganzen einsetzen, uns liegt dann vielleicht die seelische Entwicklung unserer Freunde und Familie mehr am Herzen als das dritte Auto in der Garage. – Indem wir einmal schauen, in welchen Bereichen wir bereits erfolgreich sind und in der Fülle leben, befreien wir uns auch von dem Zwang, uns ständig zu verurteilen, nur weil wir irgendwelche gesellschaftlich diktierten Kriterien nicht erfüllen. Und wenn wir jene Kriterien erfüllen, kann uns das Gesetz der Fülle helfen, darüber hinauszugehen.

Zum Goldsucher werden

Werden wir also zum Goldsucher. Der Goldsucher weiß von vornherein auch: Er muss Unmengen von Gestein und Erde durchsieben, bis er das findet, was für ihn wichtig ist, bis er findet, was er sucht – ein Goldkorn. Aber er weiß genau, was er sucht, etwas, das ihm wichtig ist. In unserem Leben sind wir alle mit der gleichen Zeit konfrontiert, mit der gleichen weltpolitischen Lage und doch erlebt jeder ein anderes Leben. Jeder hört, sieht, erfährt, was seiner bewussten und unbewussten Ausrichtung entspricht. Jeder findet Goldkörner, wenn er danach sucht, und zwar genau die, die zu ihm passen. In dem Sinne könnten wir alle Goldsucher werden. Auf der anderen Seite sollten wir nicht auf einen »Goldsuchertrip« geraten, der dann den Rest des Lebens vergewaltigt, wie so manche Goldsucher im Wilden Westen, die dann vom Goldfieber besessen waren. Denken wir an König Midras, der schließlich verhungerte, weil er sich gewünscht hatte, dass alles, was er berührte, zu Gold werden sollte, so ist uns das eine Mahnung. Oder mit einem anderen Beispiel gesprochen: Die Unmengen Gestein, die wir durchsieben müssen, enthalten ähnlich wie gesundes Brot unendlich viele Ballaststoffe, die wir ebenso brauchen wie die Erfüllung. Die Misserfolge dienen uns zum Lernen. Die Nichterfolge, die Bereiche, wo das Leben etwas ganz anderes von uns erwartet, als wir dachten, dienen uns, damit wir lieben. Die Erfolge aber dienen uns, damit wir uns auch als Schöpfer und Mitschöpfer und somit als würdige Ebenbilder des Einen erkennen.

Spüren wir immer wieder, auch während des Tages, die Impulse, die aus der Tiefe in uns hervorquellen. Auch Impulse, die von außen kommen, sollten wir nicht gleich wegschieben, nur weil wir momentan eine andere Ausrichtung haben, denn das Leben hat seine eigene Weise, zu uns zu sprechen. Wenn ein Goldsucher einen Diamanten findet, wirft er ihn ja auch nicht gleich wieder weg.

Beispiel: Wir wollen viel Geld verdienen, sind aber eigentlich auch an einer reizvollen erotischen Begegnung interessiert. Das Geldverdienen hat für uns eigentlich Priorität, weil wir mit der Ratenzahlung an die Bank im Rückstand sind. Jetzt begegnet uns unsere Traumfrau. Statt Scheuklappen aufzusetzen und mit Gewalt uns ins Büro zu prügeln, könnte es durchaus sinnvoll sein, sich auf einen reizvollen Flirt einzulassen, wenn die Schicksalsstunde winkt. Aus dem Flirt können wir dann möglicherweise so viel Energie ziehen, dass wir uns dann auch fit genug fühlen, um nachts zu arbeiten und viel mehr zu schaffen, als wenn wir uns ins Büro gequält hätten und dann am Schreibtisch nicht zur Ruhe gekommen wären, weil wir permanent über die verpasste Gelegenheit nachdenken mussten. Wer allerdings ein Angestellter ist, sollte eine derartige Vorgehensweise vorher mit seinem Chef abstimmen.

Einem jeden geschehe nach seinem Glauben

In der Bibel heißt es »Einem jeden geschehe nach seinem Glauben«. Wann immer wir glauben »Das schaffe ich nicht«, behalten wir Recht. Das Gesetz verwirklicht dann den Glauben »Das schaffe ich nicht«. Dann sagen wir: »Ich habe mir solche Mühe gegeben. Ich habe mich angestrengt. Ich habe Misserfolge in Kauf genommen. Ich habe es nicht geschafft«, und sind resigniert. Wenn wir uns fragen: »Habe ich geglaubt, dass ich es schaffen würde, bevor ich angefangen habe?«, müssten wir diese Frage eigentlich mit »nein« beantworten. Deshalb ist es so wichtig, wieder glauben zu lernen. Erkennen wir die Vollkommenheit unseres wahren Selbst. An diese Vollkommenheit können wir glauben. Wenn wir daran glauben, wird sie sich immer vollkommener in unserem Leben ausdrücken. Wir sollten lernen, an uns(er) s(S)elbst und unsere Erfüllung im Leben zu glauben. Erkennen wir: Ganz gleich, was wir glauben, das Leben sagt dazu immer nur »ja«. Wenn wir glauben »Ich bin zu schwach dazu«, behalten wir Recht. Wir bekommen dann einen Beweis dafür, das Leben sagt dann: »Ja, ja, ja. Du bist ein Schöpfer. Du glaubst, du bist zu schwach, dann bist du zu schwach. Ich mache dich schwach. Wenn du glaubst, du bist stark genug, mache ich dich stark. Du wirst es schaffen. Du bist stark genug.« Es ist ein Gesetz, dass sich das verwirklicht, an das wir glauben.

Auf der anderen Seite ist es leichter gesagt als getan, einfach den Glaubenssatz zu ändern und dann auf Wunder zu hoffen. Bei manchen Menschen klappt das. Gut, wenn dem so ist. Vielleicht wäre es eine gute Alternative, einmal das zu tun, woran man glauben kann, und das zu erfüllen nach bestem Wissen und Gewissen und so Erfolg zu erleben. Eine gewisse Authentizität sollte schon hinter uns stehen, so einfach einmal »probeweise glauben« funktioniert offenbar bei den meisten Menschen nicht.

Glauben und das Gesetz der Großen Harmonie stehen manchmal in scheinbarem Widerspruch zueinander. Wenn das so ist, dann war unser Glaube ein Aberglaube. Dann rückt das Gesetz der Harmonie zurecht, wo etwas »eingebildet« war, z.B. wo wir uns einbildeten, die Gesetze übertreten zu können und gleichzeitig vor Folgen verschont bleiben zu können. Es gibt aber durchaus Freiräume im Glauben, wo wir in Einklang mit dem Großen Gesetz leben. Auch besteht immer wieder das Gesetz der Gnade, das uns gestattet, alten Mist in Dünger für gute Taten umzuwandeln.

Das Gesetz der Gnade

Das Gesetz der Gnade besagt: Wenn wir heute unser Bewusstsein ändern, haben wir in der Sekunde unser Schicksal neu bestimmt. Hierfür reicht es natürlich nicht aus, einmal für fünf Minuten sein Bewusstsein zu ändern, um dann genauso verkehrt wie vorher weiterzumachen. Die Veränderung muss tief von innen kommen und alle Zellen durchdringen. Sie ist das, was wir im Glauben mit »tätige Reue« umschreiben.

Das heißt nicht, dass wir auf die Knie fallen und sagen: »Lieber Gott, es tut mir arg, arg Leid, dass ich so etwas Dummes gemacht habe.« Das bewirkt überhaupt nichts. Reue heißt, dass im Selbst sich etwas ändert, aus tiefster Ergriffenheit des Inneren, dass man »ein anderer« geworden ist, ähnlich wie die Bibel es mit dem Mythos des Saulus, der zum Paulus wurde, beschreibt. In dem Moment, wo die innere Veränderung, die neue Auf- und Ausrichtung geschehen ist, werden wir von dem karmischen Gesetz nicht mehr für das bestraft, was wir verursacht haben. Auf einer gewissen Ebene sind diese Dinge komplett gelöscht. Es ist wie Unkraut, das wir mit den Wurzeln aus unserem Seelengarten ausgezupft haben. Manchmal kann es sein, dass noch etwas nachwächst, weil die Pflanze zum Zeitpunkt des Zupfens noch im nicht Geoffenbarten war, aber damit können wir recht gut fertig werden.

Um tätige Reue zu erwirken, muss natürlich der Lebensbereich erwischt werden, in dem dieser Mensch »gefallen«, d.h. aus der Ordnung gefallen ist. Lebensbereiche, die beim Zupfen noch gar nicht erreicht wurden, brauchen möglicherweise einen weiteren Reueprozess, damit sie erlöst werden können. Das Gesetz der Gnade besagt aber auch, dass dort, wo wir aufrichtig willens sind, uns zu erlösen, wir vom Leben Brücken gebaut bekommen, sodass wir dort gar nicht mehr in den gefallenen Kreislauf gehen müssen, sondern, indem wir einfach dort »ja« sagen, wo uns das Leben Hilfen anbietet, einen Schritt weiter in die Gnade hineingehen können.

Beispiel: Wir haben unsere berufliche Ausrichtung auf ein gutes Fundament gestellt, wir betrügen und manipulieren nicht mehr, leben die Gesetze, soweit es uns möglich ist. Wir wollen auf diesem Weg weitermachen und bitten darum, weiter in dieser Gnade zu wachsen. Da erreicht uns der Anruf eines Freundes, den wir vor Jahren sehr verletzt haben, seitdem hatten wir nie mehr einen festen Freund. Er hat Probleme und braucht unsere Hilfe. Eigentlich sind wir ein wenig sauer, all das ganze alte Theater von damals kommt uns wieder hoch, denn auch er hat uns damals verletzt. Statt zu projizieren, gehen wir in die Gnade und helfen ihm und werden auch in dem Kanal »Freundschaften« wieder empfänglich für die Gnade.

Beispiel: Wir haben uns vorübergehend von unserem Partner getrennt. Im Zuge der Trennung ist so manches geistige Porzellan zerschlagen worden und so manches ungute Wort gefallen. Da wir zusammen mit unserem Partner aber in einem sehr engen Bekanntenkreis in dörflicher Gemeinschaft leben, sind wir ständig mit ihm konfrontiert. Wir haben schon einmal einen Aussöhnungsversuch gemacht, doch der andere hat darauf nur mit Dominanz und Rechthaberei reagiert. Wir wissen, wenn wir jetzt dem anderen hinterherlaufen, dass wir dann das Gesicht verlieren würden. Indem wir in die »eingeborene Unschuld« gehen und im Gebet die göttliche Gnade anrufen, d.h. unsere Gedanken vor dem Höchsten ausdrücken, sind wir offen für eine Situation, die diese Unverträglichkeit und in der Reue auch die Verletzungen, die wir dem anderen zugefügt haben, und auch unsere eigenen Verletzungen heilt.

Dies kann bedeuten, dass sich eine Situation gestaltet, wo wir zum Beispiel unter klarem Sternenhimmel eine liebevolle Aussprache erwirken können, es kann aber auch sein, dass dieser Mensch ganz aus unserem Lebenskreis genommen wird und wir durch Loslassen jetzt auch im Äußeren einen Schritt machen werden.

Beispiel: Wir haben einem Geschäftspartner ein Ultimatum gestellt, das in dieser Strenge und Härte eigentlich unnötig und unzumutbar war. Uns ging es eigentlich nur um unsere Machtdemonstration, weil wir von früheren Geschäftspartnern enttäuscht wurden. Der Geschäftsmann hat dieses Ultimatum nicht eingehalten. Um das Gesicht nicht zu verlieren, müssten wir jetzt eigentlich den Vertrag kündigen, was für uns und für den Geschäftspartner einen großen Schaden auslösen würde, z.B. wenn wir Bauträger sind und jetzt überlegen müssen, den Generalübernehmer auszuwechseln. Wir rufen die göttliche Gnade an, bereuen unser Verhalten und zugleich bitten wir, die Sache wieder ins Lot zu bringen. Wenig später ruft der Geschäftspartner an, entschuldigt sich für den Fristenrückstand und macht den Vorschlag, durch eine verbesserte Bauqualität den Zeitverfall wieder gutzumachen.

Das Leben ständig mit neuen Augen sehen

Auch wir sind aufgefordert, Gnade walten zu lassen, wo sich jemand unseres Erachtens nach in unsere »Schuld« begeben hat. Bei einer ganz bestimmten Gemeinde von Muselmännern werden die Löffel, wenn Gäste kommen, immer mit der Oberseite nach unten hingelegt als Symbol dafür: »Lasst uns die Schwächen des anderen und die eigenen zudecken und nicht zum Tischthema machen.«

Es ist schwer, die tiefere religiöse Sinnhaftigkeit dieses Symbols umfassend zu beschreiben, doch auch sie hat damit zu tun, dass wir bereit sind, ständig den anderen mit neuen Augen zu sehen und das, wie er sich in der Vergangenheit uns gegenüber verhalten hat, als gestrichen zu betrachten, wo es eine Belastung für die Beziehung wäre. Vielleicht sollten wir bezüglich der Fehlerhaftigkeit des anderen und auch bezüglich des Sich-selbst-Einräumens von Gnade so sein wie der Zöllner, seit es die EU gibt: »Immer nur vorbeiwinken, egal was kommt!« – So wird vieles erlöst.

Das Schlimmste, was wir anderen antun können, ist, wenn wir sie dazu verleiten, weiter ihre Fehler vor uns zu verbergen und sich in ihre Schutzwälle zurückzuziehen. Wenn wir gut sind, sollten wir dem anderen sogar ein »Brückchen« bauen, wo er Schwierigkeiten hat, über sein Mäuerchen zu springen. So können wir gleichzeitig uns und dem anderen zu sich selbst verhelfen, mit einem kleinen Wink Schicksalsschläge spielerisch umdrehen.

Jemandem sein Muster und seine Fehler vorzuhalten, heißt, ihn in seinem Muster zu bestätigen und für eine noch tiefere Kerbe in seiner Verkorkstheit zu sorgen. Ihm ein Mäuerchen zu bauen, heißt, ihm zu erlauben, sein Muster abfallen zu lassen wie ein Blatt im Herbstwald, leicht und schmerzlos. Insoweit sind wir alle einander (Er-)löser.

Beispiel: Wir sind Gesangslehrer in einer Begegnungsstätte und der erwachsene Gesangsschüler kommt das dritte Mal verspätet zum Einzelunterricht. Wir bekunden unseren Unmut, woraufhin der andere gekränkt einschnappt, den Unterricht kündigt und mit einem gekränkten Gesicht in den übrigen Veranstaltungen vor sich herschmollt. Abends wird musiziert. Unser Gesangsschüler will sich eine Gitarre ausleihen und schaut betreten in die Runde, wer ihm sein Musikinstrument ausleihen möchte. Wir haben eine Gitarre und leihen sie ihm und geben ihm so eine erneute Chance.

Hier geht es natürlich auch darum, genau herauszufinden, was das Leben von uns will, denn wenn wir jedem, der gekränkt dreinschaut, hinterherlaufen, machen wir uns schnell zum Duckhansel.

Wo wir aber aufrichtige Reue verspüren, da sollten wir Brücken bauen und Verständnis für die Mäuerchen haben, über die der andere noch nicht drüberspringen kann, denn:

»Nur wer bereit ist, Gnade zu gewähren,
der Gottheit der Gnade durch sich Ausdruck zu geben,
ohne Überheblichkeit und Besserwisserei,
dem wird zugleich der Segen einer größeren Gnade zuteil.«

Nach dem Gesetz der Gnade können wir unser Leben von Grund auf ändern, in dem Augenblick, in dem wir reinen Herzens und in der tätigen Reue sind. Wir alle sind Schöpfer unserer eigenen Realität. Sowohl die unangenehmen Dinge, die uns widerfahren, wie auch die angenehmen sind unsere eigene Schöpfung, zu der wir sagen können: »Ja, das habe ich verursacht.« Dort, wo wir einen Lebensumstand vorfinden, der uns nicht stimmig erscheint, haben wir uns »verschöpft«, d.h. wir haben etwas geschöpft, was uns gar nicht entspricht. Doch das ist nicht schlimm: Wenn wir uns durch Unbewusstheit oder aufgrund alter Muster und Überzeugungen verschöpft haben, dann brauchen wir nicht herumzujammern, wir können unser Leben wieder neu ausrichten.

Oft ist die Bitte um Erkennen eine gute Hilfe, um uns immer mehr auf das eigentliche Sein einzustellen und die Vollkommenheit unseres wahren Selbst immer vollkommener in unserem Leben in Erscheinung treten zu lassen. Indem wir uns den Raum geben, uns selbst zu leben, und gleichzeitig stets bereit sind zu erkennen, was das Leben von uns erwartet, erleben wir das Leben so als großartige Chance, das Selbst auszudrücken und zu manifestieren. Das ist es, was sich im erlösten Zustand bei vielen Erwachten in Lebensfreude und Gelingen äußert.

Das ureigene Gesetz erkennen und leben

Wenn wir die objektiven Gesetze im Herzen bewegt haben, erkennen wir möglicherweise, dass sie zwar hundertprozentig wirksam sind, wir aber dennoch das Gesetz, nach dem wir angetreten sind, das UREIGENE Gesetz, die subjektive Ausdrucksform der großen Harmonie, leben müssen, das bestehende Gesetz transzendierend und durchdringend. Der Marder lebt nach einem anderen Gesetz als die Ameise und doch sind beide eingebettet in das große Gesetz.

Die ureigene Ausdrucksform des einen Gesetzes zu finden, ist Bestandteil des Weges, sich selbst zu helfen. Unser Weg ist wie Spuren in der Wüste – sie entstehen mit uns und verschwinden mit uns.

Durch authentische und wahrhaftige Suche erfahren wir das ureigene Gesetz, das manchmal sogar gesetzeswidrig nach äußeren Kriterien erscheint und doch aus der verborgenen Harmonie entspringt.

IV. SICH SELBST LEBEN

Den Sinn des Lebens erkennen und leben

Wenn wir den Sinn unseres Lebens erfassen und ausdrücken, dann bekommen wir aus dieser Sinnhaftigkeit, aus dem Erlauben dieser Sinnhaftigkeit Kraft. Erfolg lässt uns dann nicht unbefriedigt zurück, sondern wird zur Sinnerfüllung eines offenen Potenzials. Wenn wir uns fragen, was der Sinn unseres Lebens sein könnte, ist der Weg oftmals schlicht und täglich der, die Sinnhaftigkeit dessen, was wir bereits tun, zu spüren und die Dinge, die wir planen, mit einem größeren Sinn zu verbinden:

»Spüre dem Sinn deiner täglichen Arbeit nach
und ein Lichtstrahl durchleuchtet deinen Tag.«

Auch die »Tagesrückschau« kann ein Leben in einer Sinnerfülltheit ausdrücken helfen. Ein gutes Training kann es auch sein, wenn wir uns in unserem Umfeld bemühen, in den Dingen, die geschehen, das »große Ganze« zu sehen und uns um ein umfassenderes Verständnis für das, was in der Welt geschieht, zu bemühen.

Sobald wir aufhören, Dinge nur als »gut« oder »schlecht« zu bewerten, können wir dem dahinter stehenden Sinn auf die Spur kommen.

Seine Aufgaben erkennen

Es gibt zwei Betrachtungsebenen für das, was wir unsere Aufgabe nennen, eine, die sich im »Jetzt« wiederfindet, und eine in der projizierten Zeit. Ja, wenn wir es genau nehmen, gibt es eigentlich sogar drei, eine für die Zeit, eine für die Gegenwart, eine für die Ewigkeit. Fangen wir mit der Gegenwart an. Meister Eckehart hat hier eine wunderbare Antwort gegeben auf die Frage, was im Augenblick unsere Aufgabe ist:

»Der wichtigste Zeitpunkt ist immer jetzt, der wichtigste Mensch der, der dir gerade gegenübersteht,
die wichtigste Tat aber ist immer die Liebe.«
Meister Eckehart, christlicher Mystiker

Bezüglich der linearen Zeit erkennen wir unsere Aufgabe in unseren Projekten und wenn wir glauben, keine zu haben, brauchen wir nur einmal schauen, wo wir hinleben. Selbst der Faulpelz erfüllt eine Aufgabe und wenn es nur das Stillhalten ist, was er lernt.

Es gibt aber auch eine Aufgabe für die Ewigkeit. Sie betrifft weniger unsere Tagesarbeit als solche und unsere Steuererklärungen und Mietzahlungen als vielmehr die Frage, was wir daraus für die Ewigkeit gewinnen. Richard Bach schreibt in seinem Buch *»Brücke über die Zeit«*:

»Was spielen im Angesicht der Ewigkeit andere Existenzen noch für eine Rolle? Zum Beispiel die Dinge, die wir getan haben: Was werden sie in tausend Jahren bedeuten, was bedeuten sie im Augenblick? Kommt es nicht ausschließlich darauf an, was wir aus ihnen gelernt haben? Ist das nicht das Einzige, was zählt?«

Sein Gepäck auspacken

Eine »Brücke über die Zeit« schlagen wir, wenn wir individuell unser Gepäck prüfen, das wir als Gabe, aber auch als Schwierigkeiten und Probleme mit in diese Inkarnation gebracht haben.

- Welche Fähigkeiten haben wir mitgebracht, welche Interessen, Motivationen und was kann man damit am besten tun?
- Welche Schwierigkeiten haben wir mitgebracht und wozu ermuntern sie uns?

Wie Wolfgang Mewes in seinem Kybernetik-Programm ausführlich darstellt, haben wir die Tendenz und das Bestreben, unsere Schwierigkeiten in Stärken umzuwandeln und dabei sogar überzukompensieren. Diese Überkompensation kann durchaus gesund sein. So finden wir z.B. in der Autobiografie von Sathya Sai Baba und auch von Ma Amritananda, zwei großen Heiligen unserer Zeit, dass sie in ihrer Kindheit von ihrer Familie sehr misshandelt wurden. Vielleicht hat die Schöpfung so seine Spezialisten ausgebildet, die in dem Bestreben, einer spirituellen Familie Frieden zu bringen, als »göttlicher Vater« bzw. als »göttliche Mutter« wirken. Vielleicht wurden gerade das Leiden und die Härte der Kindheit das Triebmittel, um die göttliche Gnade für alle Menschenkinder herabzurufen?

Indem wir unsere größte Hemmung erkennen, erkennen wir oft auch das Potenzial für unsere Aufgaben, denn unsere Gaben verstecken sich nicht nur im Gewand dessen, was wir gut können, sondern auch im Gewand unserer Schwierigkeiten. Indem wir unsere angenehmen und unangenehmen Gaben prüfen, nehmen wir unser geistiges Erbe an, kommen wir unserer »Auf-Gabe« näher und damit dem Sinn unseres Daseins.

Die Mitgift annehmen

Wie wir bereits erkannt haben, müssen wir letztendlich das ureigene Gesetz leben und die ureigene Verwirklichung und jene eingebettet in ein größeres Ganzes. Selbstverwirklichung setzt Selbsterkenntnis voraus. Indem wir erkennen, wer wir sind, kann dieses Selbst durch uns in einer uns gemäßen und richtigen Form wirken. Selbsterkenntnis in dem Sinne ist individuell. Natürlich können wir pauschal sagen »Ich bin göttliches Bewusstsein« und das ist auch richtig. Und doch muss eine Bassgeige im großen Orchester eine andere Rolle spielen als eine Trompete, auch wenn beide »göttlich« sind.

Das Studium der eigenen Wesensmerkmale und Qualitäten und all dessen, was wir mitgebracht haben, kann uns Hinweise darüber geben, wo wir im Einzelnen hinwollen: Finden wir in unserem Lebensrucksack eine Badehose und eine Bademütze, können wir davon ausgehen, dass wir wahrscheinlich keine Hochgebirgstour machen wollen. Finden wir Kletterseil, Kletterschuhe, Lederhose und Anorak, dann wollen wir wahrscheinlich ins Gebirge. Die nachfolgende Bewusstmachung unseres Potenzials kann uns eine Hilfe sein, unser geistiges Erbe auch im Konkreten anzunehmen. Dafür können wir den folgenden Arbeitsbogen benutzen:

Arbeitsbogen – Selbstanalyse

1. Welche Kräfte habe ich?
2. Welche Fähigkeiten habe ich?
3. Welche Schwierigkeiten in mir drängen zu einer Lösung?
4. Welche Motivationen habe ich?
5. Welche Möglichkeiten bietet mir das Leben?
6. Auf welchem Platz stehe ich? (Lebenssituation beschreiben)
7. Wie kann ich diesen Platz optimal ausfüllen?
8. Was kann ich möglicherweise loslassen oder umwandeln?
9. Was habe ich in meinem Rucksack mitgebracht?
10. Was könnte ich mir dabei gedacht haben?
11. Welche Fähigkeiten und Begabungen bringe ich mit?
12. Welche Neigungen habe ich?
13. Was macht mir Freude?
14. Was würde ich gerne tun?
15. Welcher Beruf/Lebensstil könnte mir eine Berufung sein?
16. Warum?
17. Was könnte mein individueller Lebenssinn sein?
18. Was könnte der Grund meiner Inkarnation sein?

Laufend Erkenntnisse sammeln und verwerten

Erkenntnisse sammeln wir eigentlich stets automatisch, wenn wir bewusst und verantwortungsvoll durchs Leben gehen. Erkenntnisse, so sagt man, sind das, was uns bleibt – nichts und niemand kann sie uns nehmen, auch der Tod nicht. Erkenntnisse sammeln wir auch durch die tägliche Tagesrückschau. Wenn wir sie beständig und authentisch vornehmen, werden wir immer mehr Grund zum Danken haben, weil unser Leben dann immer ausgerichteter läuft.

Erkenntnisse können wir auch nach jeder alltäglichen Situation sammeln: Wenn etwas gut gelaufen ist, um zu danken, wenn etwas nicht so gut gelaufen ist, um die Ladung aus dem negativen Erlebnis herauszunehmen:

- Was hat mir diese oder jene Situation gesagt?
- Welche Erkenntnis gewinne ich daraus?
- Wofür darf ich dem Leben dankbar sein?

Mentales Umerleben

Mentales Umerleben kann eine besondere Hilfe sein, mit unliebsamen Lebenssituationen fertig zu werden, sie zu beseitigen und dies geht folgendermaßen:

1. Ich mache mir bewusst, was geschehen ist. Reine Tatsachenbeschreibung. Die Gefühle nehme ich unabhängig davon als solche wahr und bemühe mich, beides unabhängig voneinander zu betrachten.

2. Ich gehe in die Mitte meines Seins, in tiefen Frieden und segne diese Situation, lasse sie los, ggf. bete/bitte ich um Heilung dieser Situation (tätige Reue).
3. Ich lasse mir von meinem Innersten heraus zeigen, wie ich auch hätte handeln können, und habe so ein neues Inbild (= inneres Bild) geschaffen und eine Möglichkeit, das nächste Mal souveräner zu reagieren, über meinen Schatten zu springen. Bei dem geschaffenen Inbild geht es weniger um ein roboterhaftes »Sich-Einbläuen« als vielmehr um eine Anregung der Kreativität in Richtung Lösung, die wir dadurch einschleifen.

Selbsthilfe durch ein Erkenntnistagebuch

Wenn wir möchten, führen wir ein Erkenntnistagebuch. Wir werden erstaunt sein, was da in anderthalb Jahren an Erkenntnissen zusammenkommt. Derjenige, dem diese Disziplin zu unpersönlich ist, kann sich einen Brieffreund suchen und ihm seine Erkenntnisse und Gedanken per Brief mitteilen. So schreiben wir uns die Seele frei und lassen gleichzeitig andere an den eigenen Erkenntnissen und Prozessen teilhaben. Es kann sehr schön sein, ein Buch der Erkenntnis zu führen oder einen Brieffreund zu haben, mit dem man seine innersten Gedanken teilen kann.

Gefühlswellen verstehen und beobachten

Manchmal kann es sein, dass wir eigentlich bei aller Schwierigkeit richtig gehandelt haben, dass es nur unsere eigenen Emotionen zu der Sache sind, die nicht stimmen. Auch dies wäre eine gute

Erkenntnis, in jenem Falle wäre es sinnvoll, um die Heilung der Emotionen zu bitten.

Wenn wir eine Emotion haben, die uns in unserer Lebensentfaltung behindert, dann können wir sie oft erst dann umwandeln, wenn die Zeit dafür gekommen ist. Dies sollten wir uns eingestehen. Während Gedanken immer sofort umsetzbar sind, haben Gefühle eine Welle, die auf- und abschwappt. Während die Emotionalwelle auf dem Höhepunkt ist, sind wir eigentlich blind und sollten uns im beruflichen Bereich oder dort, wo es um große Risiken geht, mehr darauf konzentrieren, diese Emotionen wahrzunehmen, ohne Schaden anzurichten, also im Handeln zuzuwarten, bis die Emotion ihren Griff von uns ein wenig gelockert hat, die Welle wieder abgeschwappt ist.

Nur selten ist es sofort möglich, Distanz zu unseren Emotionen zu bekommen, insbesondere, wenn wir ein Mensch sind, der die Welt eher emotional als logisch/mental betrachtet. Man sagt, dass das Gefühlszentrum durch Buddha im Menschsein als Wahrnehmungszentrum verankert wurde und dass wir seit Buddha versuchen, Gefühle wertneutral wahrzunehmen, um so über das Menschsein zu lernen. Buddha selbst hat seine Schüler angewiesen, Emotionen wertfrei zu beobachten, ohne sich mit ihnen zu identifizieren.

Im 20. Jahrhundert hat der spirituelle Lehrer Osho diese Technik wieder aufgegriffen und in Form der Vipassana-Meditation (Gefühle und Gedanken beobachten, ohne sich zu identifizieren) in den Westen gebracht. Es wird noch einige Zeit dauern, bis das Menschsein gelernt hat, in derartiger Weise über Emotionen wahrzunehmen und am emotionalen Leben als Meister der Emotionen teilzunehmen. Einer der Schlüssel könnte sein, dass wir Gefühle als Welle betrachten und erst dann handeln, wenn die Welle ausgelaufen ist, wir also wieder klar sind.

Sobald dies der Fall ist, können wir versuchen, die Botschaft eines Gefühles oder einer Emotion zu verstehen. Wichtig ist hierbei, dass wir nicht jedes Gefühl und jede Emotion wegrationalisieren oder verdrängen, sonst machen wir uns zu einem Roboter. Solange ein Gefühl oder eine Emotion noch nicht bereit ist, analysiert zu werden, hat sie ein Recht dazu. In dem Fall gilt es, das Gefühl oder die Emotion »da sein« zu lassen. Wir können so sehr viel über das Königreich der Gefühle und Gedanken erfahren und letztendlich werden wir für das Fließenlassen der Emotionen auch reich belohnt – wir werden ein »Surfer der Suvuja«, dieser Ausdruck entstammt den Seminaren von *Jose Arguelles*, bekannt durch sein Buch *»Der Maya-Faktor«* und bedeutet »ein souveräner Reiter auf den Wellen einer wilden Kraft«.

Vielleicht gelingt es uns, die emotionale Seite des Lebens mehr im privaten Bereich auszuleben, wo sie uns als Leidenschaft zugute kommt, und über ein Emotionaltraining zu lernen, unsere Emotionen und Leidenschaft mit unserem Dasein auf Erden zu versöhnen.

Meditation über das »innere Lächeln«

Ich schließe meine Augen und stelle mir einen Spiegel vor und schaue in diesen Spiegel. Ich sehe mich selbst. Ich schaue mich an und sehe, wie ich lächle. Ich sehe mich in meinem Spiegel lächeln. Und ich spüre, wie dieses Lächeln als Wohlgefühl durch meinen ganzen Körper geht. Es schadet nichts, wenn dieses Lächeln auch im Außen sichtbar wird. Ich lasse es zu, dass dieses Lächeln mich erfüllt. Ich erfülle mich mit diesem inneren Lächeln. Ich spüre, wie jede einzelne Zelle meines Körpers zu lächeln beginnt. Mit diesem Lächeln, es ist das innere Lächeln, mache ich die Augen wieder auf und gehe weiter durch meinen Tag.

Das Organlächeln

Für den, der das »innere Lächeln« nutzen möchte, um seiner Gesundheit etwas Gutes zu tun, empfiehlt sich das nachfolgende »Organlächeln«:

Ich denke an einen Menschen, den ich zutiefst liebe und verehre. Das kann eine historische Persönlichkeit sein wie Jesus, Buddha, Laotse oder ein zeitgenössischer spiritueller Lehrer, Philosoph oder Mentor. Es kann sich hierbei natürlich auch um den eigenen Vater/die eigene Mutter, den geliebten Partner/die geliebte Partnerin handeln. Wenn ich mag, stelle ich ein Bild dieser Person vor mir auf und schaue dieses Bild einige Minuten lang liebevoll an, um mich einzustimmen.

Dann schließe ich die Augen und stelle mir vor, dass ich diese geliebte Person vor mir sehe. Ich schaue diese Person in Gedanken liebevoll an, wenn ich möchte, mit lächelnden Augen. Dadurch wird eine positive Grundstimmung, eine Stimmung von Wohlwollen in mir und in meinen Augenausdruck gelegt.

Ich erlebe, dass dieses Augenlächeln sich über das ganze Gesicht ausbreitet und das ganze Gesicht entspannt. Dazu ist es erforderlich, dass ich weich »von innen« in mein Gesicht hineinlächle. In meinem Mund breitet sich ein Ausdruck von Frieden aus. Das innere Lächeln erreicht die Zunge, lässt sie süß werden. Ich folge dem Verlauf der Zunge in den Hals und erlaube, dass der ganze Hals von innen her lächelt.

Ich spüre, wie mein Hals von innen her weit wird, und stelle mir dabei vor, dass an der Kehle eine Blume sich der Sonne öffnet. Ich spüre, wie feine und süße Säfte von Schilddrüse und Nebenschilddrüse aus fließen.

Ich folge dem Fluss der Energie vom Hals aus weiter nach unten, weich und fein, bis ich spüre, wie die Thymusdrüse sich ebenfalls wie eine Blume öffnet.

Ganz fein und leicht fließt das Lächeln herüber zum Herzen. Ich nehme die Veränderung in der Energie deutlich wahr. Ich spüre dem Pulsschlag meines Herzens nach, erlaube, dass er mit wohlwollender und lächelnder Energie angereichert wird.

Ich lasse die lächelnde Energie herüberfließen zu den Lungen, spüre das Prickeln und die Vitalisierung der Lungenbläschen, fein wie Champagner, während ich weiter liebevoll in die Lungen hineinlächle.

Von den Lungen aus wandert meine liebevolle Aufmerksamkeit zur Leber. Wieder spüre ich die Veränderung in der Energie. Vielleicht spüre ich eine Schwere, doch das macht nichts. An dieser Stelle ist es wichtig, die lächelnde Energie lediglich bereitzustellen und wahrzunehmen, wie sich die Energie in der Leber durch das

Bereitstellen von lächelnder Energie verändert. Erlaubende und gewährende Aufmerksamkeit geben der Leber den Raum, Groll, Wut, Zorn und Schwere loszulassen und an ihre Stelle grundlegende Gutartigkeit treten zu lassen.

Nun wandert die Aufmerksamkeit in den hinteren unteren Rückenbereich, in die Nieren und Nebennieren. Die Energie, die ich dort erspüre, ist schneller, hektischer als die der Leber, vielleicht sogar ein Hämmern. Indem ich meine liebende Aufmerksamkeit dorthin gerichtet halte, entsteht eine Beruhigung und innere Sicherheit, vielleicht spüre ich sogar gleichzeitig Kraft aus dem unteren Wirbelbereich aufsteigen.

Nun wandert die Energie zur Bauchspeicheldrüse. Indem ich mich auf meine Bauchspeicheldrüse einstimme, spüre ich ein bedingungsloses Erlauben, Toleranz gegenüber den Dingen, so wie sie sind. Ich spüre möglicherweise die Lebendigkeit und Freude nicht wertender Liebe, die sich im losgelösten JA zum Leben erfüllt. Wandert dann meine Aufmerksamkeit hinüber zur Milz, erlebe ich vielleicht zuerst ein wenig Hektik, wie ich sie von den Nieren her kenne, oder auch verwirrte Energie. Indem ich weiter liebevoll und weich in die Milz hineinlächle, spüre ich, wie verbrauchte Energie aus ihr entweicht und lebensbejahende Gesundheit durch sie erzeugt wird.

Ich erlaube die lächelnde, liebende Energie meinen Sexualorganen, zu denen beim Mann Prostata, Hoden, Penis, bei der Frau die gesamte Vagina inclusive Eierstöcken gehören. Ich lächle verbrauchte alte Sexualenergie hinaus und erlebe, wie durch meine lächelnde, liebevolle Aufmerksamkeit Offenheit, Wohlbehagen, Kraft und Empfindungsfähigkeit diese Region erfüllen.

Ich kehre zu meinen Augen zurück und lächle durch alle Organe gleichzeitig.

Ich richte meine Aufmerksamkeit auf eine Lebenssituation oder ein Projekt meiner Wahl, das ich mit liebenden Augen durchlächle, um es so auf meine Erfüllungsenergie einzuschwingen.

Das Organlächeln empfiehlt sich insbesondere auch zur Gesundheitsvorsorge, da es das Immunsystem stärkt. Das Organlächeln in die Genitalregionen steigert, gemeinsam vor dem Liebesakt angewendet, die Potenz des Mannes und die Genussfähigkeit der Frau.

V. MANIFESTATION

Die Kräfte anregen

Die Meister und Mystiker aller Zeiten haben ihre eigenen Wege der Manifestation entwickelt, nicht, um dem Menschen diese Kräfte zu verleihen, über die sie selber verfügten, das wäre ein Verhängnis, sondern, um Menschen zu »erinnern«, sie auf den Weg zu schicken. Es heißt zwar »Klopfet an, so wird euch aufgetan«, doch wir müssen an der richtigen Türe mit dem richtigen Codewort klopfen und dies ist letztendlich die Tür zum eigenen Herzen mit dem Passepartout eines richtig gelebten Lebens. Bis der Einzelne dorthin gekommen ist, mag es ein langer Weg sein oder ein kurzer, auf jeden Fall ist er ein einzigartiger. Die Meister und Mystiker, die es geschafft haben, können zwar aus dem Inneren rufen, doch jeder muss seinen einzigartigen Weg gehen und trägt mit seiner Errungenschaft dann zum großen Ganzen bei. Man könnte sagen, dass Gott uns als eine Art geistiges Erbe eine ureigene (Mit-)Schöpferkraft gegeben hat, auf dass sie sich bewusst entfaltet, sobald die Bedingungen erfüllt sind und die Zeit reif ist.

Wenn eine Rose erblühen will, müssen die Bedingungen stimmen, der Boden, das Gießen usw., aber es muss auch die Zeit reif sein – so liegt zugleich alles in Gottes und in unserer Hand.

Drei Schritte der geistigen Manifestation

Alle Energie, die wir zum vollkommenen Ausdruck unseres Lebens brauchen, steht uns potenziell »hier und jetzt« zur Verfügung.

Gesundheit, Kraft, Bewusstsein, Gelassenheit, Liebe, Schönheit, Erkenntnis, Harmonie der Seele, Toleranz, Klarheit usw. Wenn wir in der Schöpferbewusstheit sind, können wir uns dieser speziellen Energie öffnen, sie geschehen lassen. Wir nehmen also jene Energie aus diesem Potenzial und öffnen uns einfach dieser speziellen Energie, indem wir unser Bewusstsein auf genau diesen Aspekt des Seins richten, der uns wichtig erscheint. Dies tun wir in drei Schritten:

1. Wir machen uns bewusst, wer wir wirklich sind. Wir erkennen, dass wir ein individualisierter Teil des einen Bewusstseins sind, das die Kraft in Tätigkeit umsetzt. In dem Moment, wo wir uns bewusst sind, dass wir ein Teil dieses EINEN Bewusstseins sind und eins mit diesem Bewusstsein, setzen wir die Kraft in Tätigkeit um, indem wir unser Bewusstsein darauf richten, was wir haben wollen, was sein soll.
2. Dann nehmen wir im Inneren eine meditative Haltung ein. Wir stellen uns einfach vor, dass wir in unserem Inneren ruhen, dass wir in der Mitte unseres Seins ruhen. Wir lassen den Körper los, die Gedanken sind konzentriert, das Bewusstsein ist gerichtet, so sind wir eins mit dem EINEN Bewusstsein.
3. Wir lassen diese eine Energie fließen und warten, bis die Wirkung von selbst endet.

So lassen wir Liebe fließen in diesen drei Schritten, das heißt, wir lassen einmal Wirklichkeit geschehen. Die Kraft der Liebe ist da. Sie ist ein ruhendes Potenzial. Sie wartet darauf, in Erscheinung treten zu dürfen.

Meditation: Geführte Manifestation

»Ich mache es mir wieder einmal ganz bequem, schließe meine Augen und lasse meinen Körper los. Ich gestatte meinem Körper, bewegungslos zu sein, und lasse mich in mich selbst hineinsinken. Ich sinke in mich hinein, in das Licht meines wahren Selbst. Ich spüre, wie das Licht mein ganzes Sein erfüllt. Und in diesem Licht meines wahren Selbst mache ich mir bewusst, wer ich bin. Ich bin ein individualisierter Teil des Allbewusstseins. Ich bin ein Teil des einen Bewusstseins, das wir Gott nennen. Und so öffne ich mein Bewusstsein, lasse es ganz weit werden und werde eins mit dem Allbewusstsein. Mein Bewusstsein und das Allbewusstsein verschmelzen zu einem Bewusstsein. Ich bin eins mit dem einen Bewusstsein. Und alles, was ich in mir geschehen lasse, in meinem Bewusstsein, bewegt die höchste Kraft im Allbewusstsein. Und in dieser Einheit des Bewusstseins öffne ich mich jetzt der Kraft der Liebe. Ich mache mich ganz einfach weit, öffne mein Herz und lasse alle Liebe geschehen. Ich spüre, wie die Liebe in mich einströmt und in mir und durch mich wirkt. Ich lasse Liebe in mir geschehen, spüre die Klarheit, die in mir wirkt, mein Gerichtetsein, spüre, wie mein Herz weit wird. Liebe geschieht in mir.

Ich mache mir immer wieder bewusst, was geschieht. In mir wirkt SEINE Liebe. Es ist SEINE Liebe, die in mir wirkt. Und ich öffne mich ganz weit und lasse SEINE Liebe in mir geschehen, spüre, wie SEINE Liebe mich verändert, wie SEINE Liebe in mir wirkt. Ich halte mein Bewusstsein auf das Wirken SEINER Liebe in mir gerichtet. Und während ich spüre, wie SEINE Liebe in mir wirkt, mache ich mir einmal dieses Kraftfeld der Liebe bewusst, in dem ich jetzt bin. Ich spüre SEINE Liebe in mir, um mich im Raum, spüre, wie SEINE Liebe in mir und durch mich wirkt, mich aufrichtet, mich in Harmonie mit dem Leben bringt, mich gesund werden lässt, mir Kraft gibt, mich in meinem Glauben stark werden lässt. All das und noch mehr bewirkt SEINE Liebe in mir. Und dankbar spüre ich, wie SEINE Liebe auch meinem Nächsten hilft, wie SEINE Liebe gleichmäßig jedem zur Verfügung steht, in jedem wirkt, in dem Maß, wie er es zulässt. Ich bestimme, wie viel von SEINER Liebe in mir wirksam werden kann. So öffne ich mich ganz weit und spüre, wie SEINE Liebe sich wie eine Sturzflut durch mich ergießt und wirkt, wie SEINE Liebe wirkt. Dankbar öffne ich mich SEINER Liebe. Ich schaue einfach einmal hin, was durch SEINE Liebe geschieht. Ich fühle es, nehme es wahr, was seine Liebe in mir bewirkt. Ich spüre dankbar das Wirken SEINER Liebe in mir. Und ich bleibe von da an dankbar in der Geborgenheit SEINER Liebe, denn ich weiß, ER hat das Beste für mich vorgesehen, aus Liebe.

Und so lasse ich dankbar geschehen, was das Leben durch mich verwirklichen will, und ruhe in der Geborgenheit SEINER Liebe. Ich lasse einfach SEINE Liebe weiter in mir wirken und durch mich geschehen, aber löse mich behutsam wieder zurück an die Oberfläche des Seins, zurück ins Hier und Jetzt, aber bleibe offen für das Wirken SEINER Liebe in mir und durch mich. Ich lasse weiter SEINE Liebe geschehen. Ich ruhe in der Geborgenheit SEINER Liebe. Wann immer ich bereit bin, öffne ich die Augen und bin wieder ganz im Hier und Jetzt, aber ich lasse weiter SEINE Liebe durch mich geschehen und in mir wirken.«

VI. LEBEN ALS WELTENDIENER

Gibt es einen großen Plan?

Irgendwann, wenn wir genug geübt haben, ohne Ego zu handeln und Leben durch uns geschehen zu lassen, erleben wir, dass irgendetwas in uns unerfüllt bleibt. Zu dem Wunsch, sich selbst helfen zu können, erwächst dann aus einem höheren Aspekt unseres Daseins der Wunsch, dass das, was wir tun, in einen höheren Plan eingebettet ist. Dann begeben wir uns auf die Suche nach jenem »höheren Plan«, nicht im Sinne eines fatalistischen Dogmas »Da ist ein höherer Plan, nach dem sich alles so oder so ergibt, dein eigener Einsatz ist gar nicht gefragt«, sondern in dem Sinne, dass, sobald wir uns nicht mehr fragen »Was will ich vom Leben?«, sondern »Was will das Leben durch mich?« wir mit einer Brückenstelle Kontakt bekommen können, die uns mit dem Eingebettetsein in ein größeres Leben als das unseres hautverkapselten Egos verbinden kann. Ein etwas Größerem dienendes Leben zu führen, bedeutet aber nicht, dass wir jetzt als Bettelmönch auf Knien rutschen sollen, es bedeutet, dass wir spüren, dass unsere ureigene Erfüllung zugleich die Erfüllung des Höchsten durch uns ist:

»Und du wirst sein eine Blume in der Hand des Herrn.«

Der Mythos von Uranus und Saturn

Eine griechische Legende erzählt, dass Saturn seinen Vater Uranos entmannt hatte. Der Same des Uranos fiel ins Meer und daraus erwuchs Aphrodite, die Schaumgeborene. Das Blut des Uranos aber tropfte auf die Erde und daraus entstanden die Furien, die Rachegöttinnen.

Uranos und Saturn sind Archetypen in unserer Seele und kennzeichnen einen Konflikt. Saturn ist der strenge, aber gerechte Gesetzgeber in uns, der »Auge um Auge, Zahn um Zahn« uns an das Rad der Zeit bindet und uns mit den Wirkungen für unsere Ursachen belohnt. Uranos ist der Vater des Himmels, der plötzlich und unerwartet uns Dinge bringt, die ganz offensichtlich jenseits der chronologischen Zeit liegen, die offenbar originell, ursprünglich, d.h. ursächlich aus sich selber sind und aus einer anderen Wirkungsebene als unserem Erdenspiel kommen.

Jene andere Wirkungsebene, die wir gerade in der gegenwärtigen Zeitqualität besonders intensiv erfahren, bringt uns oftmals durcheinander, weil wir dann glauben, wir könnten unsere Ursachen nicht festhalten, sobald etwas Unerwartetes geschieht. Doch dem ist nicht so – wir sollten uns um das Geschenk des Unerwarteten nicht betrügen, denn wenn wir blind für die Einspielungen der Zeit sind, entmannen wir Uranos, den Aspekt von uns, der aus dem Himmel, d.h. aus einer anderen Existenzebene in diese Zeit hereinwirkt, was die Furien anlockt. In dem Augenblick, wo es uns gelingt, die »Blitze des Himmels« (Uranos) ebenso freudig zu begrüßen wie unser »täglich Brot« (Saturn), offenbart der Same des Uranos die Schönheit eines Zusammenwirkens (Venus), das zutage tritt, wenn wir die Fruchtbarkeit unerwarteter höherer Impulse ausleben und auskosten.

Nur scheinbar widersprechen sich Uranos und Saturn, der Wunsch »sich auszuleben« und der Wunsch nach gesetzlich verbriefter

Sicherheit. Da gibt es in unserem Heimcomputer eine Diskette »Projekte, an denen wir arbeiten, um unser Schicksal zu gestalten«. Und dann gibt es in unserem inneren Computer noch eine »Homepage«, in die Gott und die Welt ihren Salat hineinschreiben dürfen. Solange wir die Ebenen nicht vermischen, sondern die Diskette mit unseren Projekten so lange auf »stand by« stellen, bis der Salat durch uns hindurchgelaufen ist, erkennen wir, dass wir sehr wohl gleichzeitig originell als auch chronologisch leben können. Wir können beide Ebenen in uns überblenden und daraus eben jene Schönheit gestalten, die sich in Venus/Aphrodite offenbart, vielleicht so, wie wir nach einem spontanen Traum auch wieder am nächsten Tag an unser »täglich Brot« gehen dürfen.

Nur wenn wir diese Ebenen durcheinander bringen oder verdrängen, wenn wir nicht beides leben lassen, plagen uns die inneren Furien und rächen sich für das Nichteinhalten jener Gesetze. Indem wir die Energien beider Prinzipien durch uns fließen lassen, werden sie in uns versöhnt. Wir können also sehr wohl tagsüber einen Biedermann tragen und abends in der Disco ausflippen. Es geht beides gleichzeitig.

Viele fragen sich: »Soll ich atmen oder mein Blut im Körper kreisen lassen?« – So wie beides, der Atemrhythmus und der Puls, durch den Körper kreisen können, so können sich beide Elemente, das »Ursache-Wirkung-Denken« und die Ebene des Unkonventionellen und Originellen, gleichzeitig durch uns verwirklichen. So einfach ist gelebte Lebenskunst.

Im Wunderbaren leben

So oft stehen wir vor einem Berg und denken: »Wie soll das gehen? Nach der Logik kann dieses Problem nie von mir gelöst werden.« Doch wann immer wir vor einer Aufgabe stehen, können wir von der Gewissheit ausgehen, dass es eine Lösung gibt und dass wir uns in diese Lösung hineinfinden können. Dass das Leben dafür manchmal ungewöhnliche Wege wählt, und zwar solche, die in der Regel unseren Vorstellungen am wenigsten entsprechen, liegt auf der Hand. Oft ist ein vorstellungsbehaftetes Ego für die Erfüllung hinderlich und wir bräuchten mit dem Ego nur einen kleinen »Seitenschritt« zu machen, damit das Wunderbare sich durch uns und das Leben entfalten kann. Wenn wir dafür offen sind, dass das Leben die Erfüllung durch ein Wunder hereinbringen kann, wird sich die Erfüllung früher oder später einstellen. Ein Wunder in dem Sinne ist nichts anderes als die logische Folge des Gesetzes »Wo ein Problem ist, muss es eine Lösung geben«, die sich allerdings als Wunder ausgibt, weil wir vom Verstand her die Lösung und die Einflussfaktoren, die zu dieser Lösung führen, noch nicht umfangreich genug kennen, um sie verstehen und berechnen zu können.
Erfüllung kann wie gesagt auch anders aussehen, als wir sie uns vorstellen. Solange wir aus der Vorstellung und nicht aus der Wahrnehmung heraus leben, können wir dafür sogar sehr dankbar sein, dass sich unsere inneren Bilder und Fantasien nicht erfüllen, weil sie durch Muster von ihrer Erfüllung gehemmt sind. Dies ist dann eher eine Schutzfunktion des Unbewussten und gut so, denn die Erfüllung unserer Vorstellungen ist dann oftmals gar nicht das, was uns unserem Ziel näher brächte. Wenn wir davon ausgehen, dass alles, was geschieht, uns unserem Ziel näher bringt und das Leben uns nur Gutes will, geht es oftmals darum zu vermeiden,

mit unseren Vorstellungen und unserem Ego dem Leben und seiner Gnade und Erfüllungsstruktur im Wege zu stehen. Erkennen wir: Der Liebe kein Hindernis zu bereiten, ist der Weg, der zur Vollendung führt.

Den Augenblick erfüllen

Dies bedeutet ein Leben in der Erkenntnis, dass der »Partner Leben« ohnehin das Beste für uns vorgesehen hat. Warum sich also mit dem Zweitbesten zufrieden geben? Das Leben möchte, dass wir das Beste bekommen – nicht das Beste im Sinne von unseren Vorstellungen, sondern das, was das Beste für unser Selbst ist, was unser wahres Selbst erfüllt. Wir erlauben dem Leben jenes zu offenbaren, indem wir den Augenblick erfüllen, auch dort, wo es nicht immer leicht ist.

Beispiel: Wir sind bei unserer Arbeit, überlegen gerade, eine kleine Pause zu machen, als uns ein Freund besucht, den wir als sehr anstrengend im Gedächtnis haben. Eigentlich sind wir sauer, dass er sich nicht vorher angemeldet hat, doch wir laden ihn auf einen Spaziergang ein und verbinden so unseren Drang nach einer Pause und Bewegung mit dem Wunsch des Freundes, uns zu sprechen. Am Ende des Spazierganges sind wir beide sehr erfüllt und bereichert und haben vielleicht eine Information bekommen, die für uns wichtig war – denn nur selten wird jemand »zufällig« zu uns geschickt.

Im Buch *»Die Prophezeiungen von Celestine«* von *James Redfield* heißt es:

»Jeder Mensch, der uns im Laufe eines Tages begegnet, hat eine verborgene Botschaft für uns – ob wir sie erkennen, liegt an uns.«

So lernen wir im Laufe des Tages, indem wir den Augenblick erfüllen, auch dort, wo es nicht immer angenehm ist, dass das Bequeme nicht immer das Beste und dass das Unangenehme nicht immer negativ ist. In dem Maße, wie wir den Augenblick erfüllen und aus ihm heraus lernen, können wir immer eher das Beste auch dort erkennen, wo es in einem scheinbar unpassenden Gewand kommt, ja vielleicht ahnen wir sogar, dass im Spiegel des Lebens Gott mit sich selber spricht, und können die Antwort aus unserer Gerichtetheit erkennen und so mehr und mehr annehmen, was das Leben für uns vorgesehen hat. Das bedeutet nicht, dass wir immer parat stehen, wenn jemand etwas von uns will, der Lernschritt kann manchmal auch darin liegen »nein sagen« zu lernen.

Den Augenblick zu erfüllen, bedeutet, in jedem Augenblick zu tun, was zu tun ist, unabhängig davon, ob die anderen »bravo«, »hurra« oder »pfui« schreien. Der Spruch »Tue recht und scheue niemand« kommt dem schon ziemlich nahe, wenn wir wirklich wissen, was damit gemeint ist.

Was tun wir für das Ganze durch unser »So-Sein«?

Wir sammeln durch unser Leben Erfahrungen und tragen alleine durch die Tatsache, dass wir am Leben sind, zu der menschlichen Evolution bei. Die einen mehr, die anderen weniger. Wie ist es mit den »Parasiten der Gesellschaft«? Dienen sie auch? Mit Sicherheit ja und zwar nicht nur als abschreckendes Beispiel. Jede Gesellschaft braucht ihre Clochards und Eulenspiegel, weil sie sonst in Perfektionismus erstarrt. Vielleicht sind die Clochards am Straßenrand wie die Meerschweinchen in einem Kaninchenkäfig, die den Kaninchen die Krankheiten abnehmen und sie mitprozessieren. Und vielleicht sind die Till Eulenspiegel in unserem Leben, von denen wir uns vielleicht so manches Mal vergackeiert fühlen, irgendwo die Paradiesvögel, die uns daran erinnern, dass das Ganze nur ein Spiel ist, auch wenn wir dieses Spiel sehr gewissenhaft spielen möchten. Ein Papageno in der Zauberflöte hat eben eine andere Vorgabe als ein Sucher nach dem heiligen Gral.

Wenn wir uns fragen: »Was tun wir für das Ganze?«, dann fordert uns diese Frage nicht unbedingt auf, zwanghaft ein »besonders guter« Mensch zu sein, sondern lediglich, unseren Platz zu erfüllen. Niemand kann die Rolle, die der Einzelne spielt, besser ausfüllen als man selbst. Die einzige Ausnahme war Charlie Chaplin: Es gab einmal einen Wettbewerb der Charlie-Chaplin-Imitatoren. Charlie Chaplin nahm selbst inkognito an dem Wettbewerb teil und gewann nur den zweiten Platz. – Dies aber soll uns nicht entmutigen, wir sollten nicht »als Original geboren, als Kopie in den Tod« gehen, sondern unser Leben und uns selbst zu einem einzigartigen Original gestalten und leben.

Wenn wir dies tun, erfüllen wir unseren Platz in der Gesellschaft, wie wir sind und tragen zu ihr bei, ob wir ein Clochard, ein Eulenspiegel oder ein Ministerpräsident sind. Nur wenn ein Ministerpräsident sich für Till Eulenspiegel hält, kann es Schwierigkeiten geben.

Und natürlich tragen wir auch zum großen Ganzen bei, indem wir »unseren Nächsten« lieben und wo es sinnvoll und angebracht ist, ihm auch helfen wie uns selbst.

Den Nächsten erkennen

Vielleicht könnte die Frage auftauchen: »Wer ist eigentlich mein Nächster? Sind das die armen Leute in Kambodscha oder in Nicaragua oder mehr die in Abessinien oder vielleicht die, die unter dem Oderdammbruch leiden?« Sie sind es nicht unbedingt, auch wenn wir natürlich mit allen verbunden sind, die auf diesem Planeten leben, auch wenn wir uns als eine einzige große Menschheitsfamilie verstehen wollen:

Jesus hat diesen Begriff des »Nächsten« so wunderbar geprägt. Der Nächste ist der, der in das Haus unseres Bewusstseins tritt, der Hilfe braucht und dem wir Hilfe geben können und aus der Seele heraus auch wollen. Unser Ego mag vielleicht keine Lust haben, aber in uns fühlen wir einen Impuls »Dem müssen wir helfen« – einem anderen scheint dieser Impuls unverständlich, doch wir spüren, auch wenn wir unser Ego ganz zurücknehmen »Dort ist Hilfe angesagt« – derjenige, bei dem ich das spüre, der ist »mein Nächster«. In dem Moment, in dem er in das Haus meines Bewusstseins tritt, ist er mein Gast, ist er mein Nächster, tue ich für ihn, was ich für ihn tun kann und soll. In das Haus meines Bewusstseins kann auch der treten, der räumlich sehr weit von mir entfernt sein mag. Er ist mein Nächster, wenn er in das Haus meines Bewusstseins eingetreten ist und mein Gastrecht genießt, und hat Anspruch auf meine Hilfe. In dem Moment, wo ich ihn in meinem Bewusstsein habe und das Bedürfnis verspüre, das tief aus dem Inneren kommt, bin ich verpflichtet, ihm zu helfen. Das bedeutet nicht unbedingt zu tun, was der andere haben möchte. Die Verpflichtung, ihm zu helfen, ist nicht immer damit identisch. Der andere möchte vielleicht das haben, was angenehm und bequem ist. Das aber ist nicht immer das, was hilft. Ich muss also herausfinden, wie ich ihm wirklich helfen kann und ob der Zeitpunkt, ihm zu helfen, schon gekommen oder schon vorbei ist. Dies ermuntert mich letztendlich, die Wirklichkeit hinter dem Schein zu erkennen und wahrzunehmen, wie die wirkliche Hilfe aussieht, die der andere braucht. So erfülle ich jenen Punkt, Hilfe zu sein für meinen Nächsten und für meine Mitmenschen, für die ganze Schöpfung und damit auch mir und dem Selbst im anderen zu sich selbst zu helfen.

Sich, seinem Ego, dem Nächsten und Gott helfen durch sein l(i)ebendes Beispiel auf der Erde

Wenn es uns gelingt, die Welt ein bisschen besser zu verlassen, als wir sie vorgefunden haben, haben wir die Gesellschaft bereichert. Jenes kann auch bedeuten, ein Beispiel für eine »innere Wahrheit« zu leben, die nicht gesellschaftskonform ist. Jeder, der sein Innerstes in aller Wahrhaftigkeit lebt, leistet einen vielleicht größeren Beitrag zum Schicksal der Welt, zur menschlichen Evolution und zur Gesellschaft als so manch ein gesellschaftlich angepasster Hohlkopf. Zum Sinn des Spieles gehört nämlich, dass der Einzelne sich selbst erkennt, sein wahres Selbst spürt, von ihm berührt wird, vielleicht sogar an einem kollektiven Erwachen, wie es uns im Märchen Dornröschen symbolisiert wird, teilnimmt. Jeder, der aus dem tiefsten Selbst heraus existiert, hat damit seine »Existenzberechtigung« ausgedrückt. Existenzberechtigung hat nichts mit Geld zu tun, die Tatsache, dass wir existieren, ist bereits unsere Existenzberechtigung. Je erfüllter wir dieses Leben leben, umso beglückender für uns und die anderen.

Der Weg, durch gute Taten beizutragen, wird in Indien Karma-Yoga genannt und ist ein durchaus legitimer und durchaus möglicher

Weg, das Ganze zu bereichern. Auch derjenige, der den Weg des »Tantra« lehrt und dabei, ohne auf gut und böse zu achten, vorrangig sich selbst lebt, wie beispielsweise Osho (spiritueller Lehrer aus Poona, Indien, der Tantra und Meditationstechniken im Westen bekannt gemacht hat. Details über Osho sind erhältlich unter www.osho.com), trägt zum Ganzen bei, vielleicht sogar mehr als manch ein Heuchler. Sogar jemand, der den »linkshändigen Weg« geht, in dem der Schatten bewusst gelebt wird, befindet sich auf dem Heimweg zu Gott. Wenn wir an Goethes Faust denken »Ich bin ein Teil von jener Kraft, die stets das Böse will und doch das Gute schafft«, erahnen wir, dass jeder von sich aus unabhängig von seiner Motivation zum großen Plan beiträgt. Umso schöner, wenn man bewusst, erfüllt, seelen- und gottdurchdrungen für das Gute wirken darf. Wenn wir Menschen eine Wahl haben, dann könnte es die richtige Wahl sein, den letzteren Weg zu wählen, ohne jene zu verurteilen, die ihr Eingebettetsein in jenen großen Plan anders ausdrücken. Auch kann es sein, dass wir auf unserem Weg, auch wenn es ein Weg der Liebe ist, oft damit konfrontiert werden, etwas tun zu müssen, was das Ego eines anderen verletzt. Liebe sein und »lieb sein« sind oftmals zwei völlig verschiedene Dinge. Unnötiges Leid sollte natürlich immer vermieden werden, aber manchmal ist es das Leben, das durch uns auf für andere unangenehm wirkende Weise handelt, und dann gilt es, frei von Schuldgefühlen zu sein und zu erkennen, dass auch die unangenehmen Dinge, die wir mit unserer Authentizität auslösen, ein Beitrag für die anderen sein können, manchmal sogar für das Ganze. Also weg mit den Schuldgefühlen. Peter Zadek hat gesagt: »Die Deutschen sind sicherlich das einzige Volk auf Erden, das ein schlechtes Gewissen mehr genießt als eine schöne Frau.« Lernen wir auch die unangenehmen Dinge ohne Schuldgefühle zu tun. Wenn wir es vermögen, sollten wir dort, wo wir für den anderen unangenehme Dinge tun müssen, die Liebe zur Seele des anderen beibehalten. So manch ein Heiliger hat durch seine Anwesenheit, ob er es wollte oder nicht, Tausende dazu gebracht, dass sie sich im Ego und ihren Vorstellungen verletzt gefühlt haben. Jesus, Buddha, viele andere – und doch haben sie noch im Tode die Menschheit gesegnet und ihr gerade auch durch ihre für andere unangenehmen Seiten zu sich selbst geholfen.

In letzter Konsequenz sind wir alle eins und daran wird sich nie etwas ändern, egal wie viel Angenehmes oder Unangenehmes wir einander tun. In der Bhagavadgita heißt es analog dazu:

»Obgleich ich ungeboren bin, bin ich doch in allem, was ist.«

Wenn wir daraus das Mitgefühl eines Jesus bei all dem Auf und Ab, Angenehmen und Unangenehmen entwickeln können, sodass wir zugleich sagen können »Was ihr dem geringsten meiner Brüder tut, das habt ihr mir getan«, als auch uns darauf besinnen, unserem ureigenen individuellen Schöpfungsplan zu folgen, dann haben wir die heilige Synthese errungen und vielleicht, wenn man so sagen möchte, die Mission erfüllt, die zu erfüllen wir auf Erden gekommen sind. Erkennen wir:

Wenn Gott auf Erden einen Traum erfüllen möchte, braucht er unsere Hände und vielleicht sind die Hände, die er gerade dafür am meisten braucht, jene, die am Ende unseres Armes zu finden sind.

Literatur

- Kurt Tepperwein, »Dein spirituelles Check-Up«, Silberschnur Verlag
- Kurt Tepperwein, »Das Huna-Geheimnis«, Silberschnur Verlag
- Kurt Tepperwein, »Kraftquelle Mentaltraining«, Ariston Verlag
- Günther Feyler, »Lebenskompass Traum«, Verlag Hermann Bauer
- Khalil Gibran, »Der Prophet«, Patmos Verlag
- Shakti Gawain, »Stell dir vor – kreativ visualisieren«, Sphinx Verlag
- Sri Chinmoy, »Colour Kingdom«,
  Edition AUM Verlagsgesellschaft mbH, ISBN 3-925-880-18-6,
  erhältlich über Oneness-World Tel. +49-89-2606651
- Richard Bach, »Brücke über die Zeit«, Ullstein Verlag
- Jose Arguelles, »Der Maya-Faktor«, Goldmann Verlag
- Chia Mantak, »TAO-Yoga des Heilens«, Ansata Verlag
- James Redfield, »Die Prophezeiungen von Celestine«, Ullstein Verlag
- Dr. Devanando Weise, »Harmonische Erhährung im Einklang mit der Natur«
- Reinhold Will, »Geheimnis Wasser – Von heilenden und krankmachenden Wässern«, Knaur Verlag
- Franz Heininger, »Trink Wasser!« Ernähre dich bewusst. Lebensmittel – Heilmittel – Informationsträger, Ennsthaler Verlag
- Richard Hiebinger, »Water Spirit«, CD, Sayama-Musik
- Mutters Agenda, 10.07.63, Verlag Institut de Recherches Evolutives, Paris, erhältlich in Deutschland über das Institut für Evolutionsforschung, Postfach 1260, 79850 Lenzkirch

Im Buchhandel und Internet finden Sie stets brand-aktuelle Themen, sowie zeitlose Wissensschätze von *Kurt Tepperwein!*

Folgende Bücher und E-Books können Sie direkt über den BoD-Verlag (www.bod.de/www.bod.ch) detailliert einsehen, bevor Sie sich für Ihr Wunschthema entscheiden:

- Ab heute bin ich frei!
- Bäume ausreißen! – Trainingsheft für mehr Motivation
- Berufskrise ade! – Frei sein von Arbeitssucht, Stress, Burn-out, Mobbing, Innerer Kündigung und Arbeitslosigkeit Bewusstseinssprung in eine neue Dimension
- Blinddate mit Magen und Darm
- Bring Farbe in dein Leben mit Dankbarkeit
- Bring Farbe in dein Leben mit einem einfachen Lächeln
- Bring Farbe in dein Leben mit Heiterkeit
- Bring Farbe in dein Leben mit Herzensfülle
- Bring Farbe in dein Leben mit Hingabe pur
- Bring Farbe in dein Leben mit Liebesweisheit
- Bring Farbe in dein Leben mit Seelenkraft
- Bring Farbe in dein Leben mit Stille in dir
- Bring Farbe in dein Leben mit Wertschätzung
- Bring Farbe in dein Leben mit Zeitlosigkeit
- Das Buch der Erfolgsgesetze
- Die hohe Schule des Lebens
- Die Kunst mühelosen Lernens
- Die Praxis der geistigen Gesetze
- Die Renaissance der Frauenpower – 7 Schritte zur Liebesfähigkeit
- Du bist wie du bist!
- Ein Leben ohne Ängste und Sorgen? – Trainingsheft für mehr Lebensqualität
- Einfach nur schön
- Endlich wieder FIT! – Trainingsheft zur Gesunderhaltung
- Erwachen zum wahren Sein
- Folge deinem Leitstern
- Frau sein – ganz sein, Mentaltraining für eine neue Weiblichkeit
- Geistheilung durch sich selbst
- Gelassenheit
- Gelebte Achtsamkeit

- Gestalte dein Leben einfach neu! – Energetischer Impulsgeber zum Thema Alltagsführung
- Gesund für immer
- Glaube an Dich!
- Glücks-Gesetze
- GoldenWay Edition: Das Leben als Einweihungsweg
- GoldenWay Edition: Ihr Zauberstab Gedankenkraft
- Hilf dir selbst. Sei du selbst. Gesunde!
- Kausal-Training
- Leben im Überfluss, Die Zukunft selbst bestimmen
- Leben in der Gegenwart der Engel
- Liebst du mich auch? Energetischer Impulsgeber zum Thema Partnerschaft
- Nie mehr ärgern, bewusster leben
- Nie oder Jetzt! Aufbruch zur wahren Identität
- Out-Burn, Burn-out umkehren. Der Ausweg aus der Erschöpfungsfalle.
- Perlen der Weisheit
- Probleme adieu! Trainingsheft zur Konfliktbesänftigung
- Schreib Dein Leben um
- Selbstbewusst durchs Leben! – Energetischer Impulsgeber
- zum Selbstwert und Sicherheit
- Selbstheilungskräfte aktivieren
- Sinnfindung leicht gemacht! – Energetischer Impulsgeber
- zum Thema Bewusstwerdung
- Tepperwein Magazin der neuen Generation
- Tepperwein Magazin der neuen Generation 2
- Tepperwein Magazin: Wünsche & Träume mit Mental-Training verwirklichen
- Verwirklichung
- Wahre Freundschaft: Tierisch echt!
- Was wünscht du dir vom Leben?
- WEIH-NACHTEN
- Willkommen in der Leichtigkeit
- Willst du erfolgreich sein? – Leitfaden zu Reichtum und Erfolg
- Wunder vollbringen durch schöpferische Imagination
- Zeit halt, stehengeblieben! – Trainingsheft für ein gutes
- Zeitmanagement

Meine Notizen:

Meine Notizen:

Meine Notizen:

Meine Notizen:

Meine Notizen:

Meine Notizen:

Meine Notizen:

Meine Notizen:

Meine Notizen:

Meine Notizen:

Meine Notizen:

Meine Notizen:

Meine Notizen:

Meine Notizen:

Meine Notizen:

Meine Notizen: